청소년이 꼭 알아야 할 그림해설

고사성어 대백과

글·그림 **진동일** | 책임감수 **유덕선**

②

맑은소리

청소년이 꼭 알아야 할 그림해설

고사성어 대백과 ❷

1판 1쇄 인쇄 | 1996년 5월 30일
1판 1쇄 발행 | 1996년 6월 5일

2판 1쇄 인쇄 | 2006년 12월 11일
2판 1쇄 발행 | 2006년 12월 18일

글·그림 | 진동일
감수 | 유덕선

펴낸이 | 이석범
펴낸곳 | 도서출판 맑은소리
주소 | 서울시 마포구 서교동 395-36호 1층(121-840)
전화 | 02)323-1488 · 팩스 | 02)323-1489
홈페이지 | http://www.msoribook.com
등록번호 | 제3-528호(1994.4.6)

편집주간 | 이선종
편집 | 김현진·김영철·최인희
영업마케팅 | 김동백·장신동
총무 | 황혜정
표지디자인 | 윤대한
종이 | 한림피앤피
인쇄 | 삼광프린팅
제본 | 삼화제책사
코팅 | 영민코팅

ISBN 89-8050-181-1 03710

● 저자와의 협의에 의하여 인지부착을 생략합니다.
● 책값은 표지에 있습니다.
● 잘못 만들어진 책은 구입처 및 본사에서 교환해 드립니다.

이 책은 1996년 2월 7일 『그림해설 고사성어』라는 제목으로 출간되었던 도서로서 『고사성어 대백과』로 제목을 바꾸어 재출간함을 알려드립니다.

차 례

바로 시작되는 고사성어

반간(反間) ······ 11
반근착절(盤根錯節) ······ 14
반면지교(半面之交) ······ 16
반식재상(伴食宰相) ······ 19
발본색원(拔本塞源) ······ 21
발호(跋扈) ······ 23
방약무인(傍若無人) ······ 26
배반낭자(杯盤狼藉) ······ 28
배수진(背水陣) ······ 31
배중사영(杯中蛇影) ······ 34
백구과극(白駒過隙) ······ 36
백년하청(白年河淸) ······ 38
백면서생(白面書生) ······ 41
백문이불여일견(百聞而不如一見) ··· 43
백미(白眉) ······ 45
백발백중(百發百中) ······ 47
백발삼천장(白髮三千丈) ······ 49
백아절현(伯牙絶絃) ······ 51
백안시(白眼視) ······ 55
백주지조(栢舟之操) ······ 58
백중지세(伯仲之勢) ······ 60
법삼장(法三章) ······ 62
별무장물(別無長物) ······ 65
병문졸속(兵聞拙速) ······ 67

병사지야(兵死地也) ······ 69
병입고황(病入膏肓) ······ 71
보원이덕(報怨以德) ······ 75
보졸불여근(補拙不女勤) ······ 77
복수불반분(覆水不返盆) ······ 80
부기미(付驥尾) ······ 83
부중지어(釜中之魚) ······ 85
부화뇌동(附和雷同) ······ 87
분서갱유(焚書坑儒) ······ 89
불구대천지원수(不俱戴天之怨讐) ··· 93
불문마(不問馬) ······ 95
불사약(不死藥) ······ 97
불수진(拂鬚塵) ······ 99
불입호혈부득호자(不入虎穴不得虎子)
 ······ 101
불초(不肖) ······ 104
불혹(不惑) ······ 106
붕정만리(鵬程萬里) ······ 108
비방지목(誹謗之木) ······ 111
비육지탄(脾肉之嘆) ······ 115
비입화하충(飛入火夏蟲) ······ 117
빈계지신(牝鷄之晨) ······ 119
빈자일등(貧者一燈) ······ 121
빙탄불상용(氷炭不相容) ······ 124

사로 시작되는 고사성어

사공명주생중달(死孔明走生仲達)··· 129
사마골오백금(死馬骨五百金)········ 132
사면초가(四面楚歌)················ 135
사반공배(事半功倍)················ 139
사분오열(四分五裂)················ 141
사불급설(駟不及舌)················ 143
사숙(私淑)························ 146
사이비(似而非)···················· 148
사인선사마(射人先射馬)············ 151
사자신중충(獅子身中蟲)············ 153
사자후(獅子吼)···················· 155
사족(蛇足)························ 157
사취(私聚)························ 160
사해형제(四海兄弟)················ 162
살신성인(殺身成仁)················ 164
삼고지례(三顧之禮)················ 167
삼령오신(三令五申)················ 172
삼십육계주위상책(三十六計走爲上策)
······························· 175
삼인성시호(三人成市虎)············ 178
삼인행필유아사(三人行必有我師)··· 181
상가지구(喪家之拘)················ 183
상사병(相思病)···················· 186
상산사세(常山蛇勢)················ 189

상전벽해(桑田碧海)················ 191
생기사귀(生寄死歸)················ 194
서족이기성명(書足以記姓名)········ 197
석권(席卷)························ 199
선입견(先入見)···················· 202
선즉제인(先則制人)················ 205
세월부대인(歲月不待人)············ 208
소국과민(小國寡民)················ 210
송양지인(宋襄之仁)················ 212
수구초심(首邱初心)················ 215
수서양단(首鼠兩端)················ 218
수석침류(漱石枕流)················ 221
수식변폭(修飾邊幅)················ 224
수어지교(水魚之交)················ 227
수자부족여모(豎子不足與謀)········ 229
수주대토(守株待兎)················ 231
수즉다욕(壽則多辱)················ 233
수청무대어(水淸無大魚)············ 237
순망치한(脣亡齒寒)················ 240
술이부작(述而不作)················ 243
승패병가상사(勝敗兵家常事)········ 245
승흥래(乘興來)···················· 247
시위소찬(尸位素餐)················ 249
시자조슬(視子蚤蝨)················ 254
식소사번(食少事煩)················ 256

식언(食言) ……………………… 259
식자우환(識字憂患) ……………… 262
식지동(食指動) ………………… 264
신출귀몰(神出鬼沒) ……………… 267
실사구시(實事求是) ……………… 271
심원의마(心猿意馬) ……………… 273

아로 시작되는 고사성어

안서(雁書) ……………………… 277
안중지정(眼中之釘) ……………… 280
암중모색(暗中摸索) ……………… 283
앙급지어(殃及池魚) ……………… 286
앙천대소(仰天大笑) ……………… 288
약관(弱冠) ……………………… 290
양두구육(羊頭狗肉) ……………… 292
양상군자(梁上君子) ……………… 295
양약고어구(良藥苦於口) ………… 298
양포지구(楊布之狗) ……………… 300
어부지리(漁父之利) ……………… 302
엄이도령(掩耳盜鈴) ……………… 305
여도지죄(餘桃之罪) ……………… 307
역린(逆鱗) ……………………… 311
연목구어(緣木求魚) ……………… 315
연작안지홍곡지지(燕雀安知鴻鵠之志)
……………………………… 318

연저지인(吮疽之仁) ……………… 320
예미도중(曳尾塗中) ……………… 323
오리무중(五里霧中) ……………… 326
오십보백보(五十步百步) ………… 329
오월동주(吳越同舟) ……………… 332
오하아몽(吳下阿蒙) ……………… 334
오합지중(烏合之衆) ……………… 339
옥상가옥(屋上加屋) ……………… 341
옥석구분(玉石俱焚) ……………… 343
옥석혼효(玉石混淆) ……………… 347
온고지신(溫故知新) ……………… 349
와신상담(臥薪嘗膽) ……………… 351
와우각상지쟁(蝸牛角上之爭) …… 354
요동시(遼東豕) ………………… 357
요원지화(燎原之火) ……………… 361
욕속부달욕교반졸(欲速不達欲巧反拙)
……………………………… 364
용두사미(龍頭蛇尾) ……………… 366
우공이산(愚公移山) ……………… 370
우전탄금(牛前彈琴) ……………… 376
우직지계(迂直之計) ……………… 379
우화등선(羽化登仙) ……………… 382
운용지묘재일심(運用之妙在一心) … 385
운주유악(運籌帷幄) ……………… 389
원교근공(遠交近攻) ……………… 392

원수불구근화(遠水不救近火)……… 395
월단평(月旦評)………………… 397
월하빙인(月下氷人)……………… 406
위편삼절(韋編三絶)……………… 412
유교무류(有敎無類)……………… 415
유능제강(柔能制剛)……………… 417
유무상생(有無相生)……………… 419
유문사자필유무비(有文事者必有武備)
…………………………………… 422
유비무환(有備無患)……………… 424
유성죽흉(有成竹胸)……………… 427
유신(維新)………………………… 429
유언비어(流言蜚語)……………… 431
유유상종(類類相從)……………… 434
유음덕자필유양보(有陰德者必有陽報)
…………………………………… 436
유주망국(有酒亡國)……………… 439
육사자책(六事自責)……………… 444
융준용안(隆準龍顔)……………… 447
읍참마속(泣斬馬謖)……………… 449
응접불가(應接不暇)……………… 453
의식족이지예절(衣食足而知禮節)… 456

의심생암귀(疑心生暗鬼)………… 458
이도살삼사(二桃殺三士)………… 461
이심전심(以心傳心)……………… 466
인간만사새옹지마(人間萬事塞翁之馬)
…………………………………… 468
인생감의기(人生感意氣)………… 472
인지장사기언야선(人之將死其言也善)
…………………………………… 474
일각천금(一刻千金)……………… 476
일거수일투족(一擧手一投足)…… 481
일거양득(一擧兩得)……………… 484
일견폐형백견폐성(一犬吠形百犬吠聲)
…………………………………… 488
일단사일표음(一簞食一瓢飮)…… 490
일망타진(一網打盡)……………… 492
일모도원(日暮途遠)……………… 495
일엽낙지천하추(一葉落知天下秋)… 498
일의대수(一衣帶水)……………… 503
일이관지(一以貫之)……………… 505
일자천금(一字千金)……………… 507
일장춘몽(一場春夢)……………… 509

이 책을
좀더 재미있고
쉽게 보는 법

❶ 돌이킬 사이
★ 反 間
❷ 반 간

❸ 이중간첩

❹ 반간(反間) : 적의 첩자를 역이용해 적정(敵情)을 살피거나 아군을 위해 도움이 되도록 함.
　간첩(間諜) : 염탐꾼. 스파이(Spy).

❺ 출전(出典) : 손자병법의 용간편.
　　　　　　손자병법은 고대 중국에서 창조된 병법의 원천으로서 약 2천5백년 전 춘추시대 말기에 씌어진 책이다.

① 한자의 뜻 ② 한자의 발음
③ 고사성어의 뜻풀이 ④ 한자가 쓰이는 범위
⑤ 고사성어가 생긴 출전과 유래

★표는 교육부가 선정한 필수 고사성어임.

※ 본문에 들어가면 각 고사성어가 생긴 유래와 함께 현대사회와 결부된 재미있는 이야기들이 흥미진진하게 펼쳐진다. 또한 3권 부록편에는 본문에 나오지 않는 그밖의 필수 고사성어를 가나다순으로 실어줌으로써 독자들로 하여금 쉽게 찾아볼 수 있도록 하였다.

바로 시작되는 고사성어

※ 본문의 ★표는 교육부가 선정한 필수 고사성어임.

돌이킬	사이
反	間
반	간

이중간첩

반간(反間) : 적의 첩자를 역이용해 적정(敵情)을 살피거나 아군을 위
         해 도움이 되도록 함.
간첩(間諜) : 염탐꾼. 스파이(Spy).

출전(出典) : 손자병법의 용간편.
         손자병법은 고대 중국에서 창조된 병법의 원천으로서 약 2천 5백년
         전 춘추시대 말기에 씌어진 책이다. 이 책은 오나라의 손무(孫武)가
         편찬한 것으로서 전략·전술의 법칙·준거(準據)를 상세하게 설명하
         고 있다. 저자가 손무라는 사실은 1972년에 밝혀졌다.

　간첩을 사용하는 데는 향간(鄕間), 내간(內間), 반간(反間), 사간(死間), 생간(生間) 등 다섯 가지가 있다. 이것을 동시에 사용해도 적은 그 방법을 알지 못하니 신기(新紀)이며 군주의 보배다.
　'향간'은 적국의 사람을 포섭해 활용함이고, '내간'은 적국의 관리를 포섭해 활용함이며, '반간'은 적의 간첩을 포섭해 활용함이고, '사간'은 허위사실을 유포해 아군 간첩에게 알리고 적을 혼란시키는 것이며, '생간'은 돌아와서 보고함을 말하는 것이다.

　여기서 나온 말이 「반간」이며 현대용어로는 '이중간첩'이다. 이 「반간」을 조종하는 조직 중 제일 규모가 큰 조직은 미국의 CIA일 것이다. 그들은 철의 장막으로 유명한 북한 정부 안에까지 이중간첩을 확보하고 있을 정도로 치밀한 스파이망을 구축하고 있다고 한다.
　그래서 우리의 관심은 역시 평양의 CIA 요원이 어떤 활약을

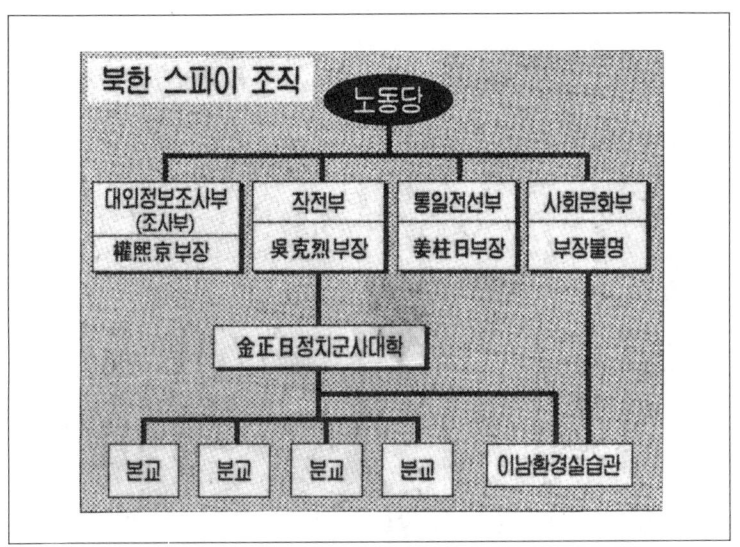

할까에 있다.

70년대 최고의 스파이 소설 작가 존 르카레다는, 미국은 한국전쟁 휴전협정 후 포로 교환시에 이미 이 CIA 요원을 북한에 심었다고 추리하고 있다.

그게 아니면, 혹시 CIA의 반간계(反間計) 전략 차원으로 평양 정가를 들쑤실 목적으로, 없는 CIA 요원을 있다고 허위정보를 흘린 것인지도 모른다.

그러나 어쨌든 우리에게 직접적인 피해를 줄 수 있는 것은 바로 북한의 스파이 조직이다. 그럼 1993년 9월 비무장 지대를 넘어 귀순한 스파이 안씨의 말을 빌려 위의 도표와 함께 북한의 스파이 조직 실태를 알아보도록 하겠다.

盤	根	錯	節
소반	뿌리	섞일	마디
반	근	착	절

★

구부러진 뿌리와 뒤틀린 마디

반(盤) : ① 소반. ② 물건의 바탕을 의지하는 곳. ③ 구불구불함.
근간(根幹) : 뿌리와 줄기.
착잡(錯雜) : 뒤섞임. 뒤얽힘. 혼잡.
절개(節槪) : 지조와 기개.

출전(出典) : 후한서의 우후전.

반근착절(盤根錯節) 15

 후한 안제(安帝) 때 조가현이란 고을에서 폭동이 일어나자 외척이며 대장군인 등질은 눈엣가시 같은 존재였던 우후(虞詡)를 제거하기 위해 그를 토벌대장에 임명했다.
 이에 친구들이 위로하자 우후 왈(曰),
 "뜻의 안이함을 구하지 아니하고 험난한 일을 피하지 않는 것이 신하된 자의 도리가 아닌가. 구부러진 뿌리와 뒤틀린 마디(반근착절)를 피한다면 어디서 이 날카로운 칼날을 부딪쳐 보겠는가."
하며 폭동 지역으로 달려가 등질의 바람과는 달리 폭동을 제압하고 평정했다는 데서 이 「반근착절」이란 말이 유래됐다.
 여기에 부합되는 파스칼의 명언이 있다.

  인간에게 있어서 고뇌에 복종하는 것은 치욕이 아니다. 오히려 쾌락에 복종하는 것이야말로 치욕이다.

반	얼굴	어조사	사귈
半	面	之	交
반	면	지	교

한면의 교제

반신반의(半信半疑) : 반은 믿고 반은 의심함.
면전(面前) : 눈앞. 목전(目前).
지(之) : ① 가다. ② 이, 그(대명사). ③ 어조사.
교접(交接) : ① 사귐(교제). ② 성교(교합).

출전(出典) : 후한서의 응봉전.

반면지교(半面之交) 17

하남성(河南省)의 유명한 학자 응봉(應奉)은 기억력이 매우 뛰어나 일단 한번 본 것은 절대로 잊어버리는 법이 없었다.

그가 20세 되던 해 어느 날 팽성에 있는 한 집을 방문했는데, 주인 대신 어떤 사람이 대문 사이로 얼굴을 삐죽이 내밀더니 쌀쌀맞은 표정으로 주인이 안 계시다며 문을 닫아 걸었다.

그 후 수십 년이 지난 후 응봉이 노상에서 우연히 그 사람을 만나게 되었는데, 즉시 알아보고 말을 걸자 그 사람은 어리둥절해 했다. 단 한 번 봤을 뿐인데 수십 년이 지난 후에도 이렇게 그 사람을 알아본다는 것은 그야말로 놀라운 기억력의 소유자가 아닐 수 없다.

이런 것을 두고 사람들은 「반면지교」, '일면의 교제', '반면의 역식'이라고 하는데, 이와 비슷한 사람으로는 토스카니니가 있다. 그는 지독한 근시안이었기 때문에 모든 곡들을 외어서 지휘할 정도로 기억력이 대단히 뛰어났다.

18 고사성어 대백과

한번은 그가 뉴욕에서 연주를 마치고 무대 뒤로 돌아왔는데 누군가가 그에게 말을 걸어왔다. 그때 그는 즉시 그를 알아보며 이렇게 말했다.

"자네는 10여 년 전에 이탈리아 가극 극장에서 큰 실수를 했던 트럼펫 연주가가 아닌가."

그러면서 그는 그 사람의 이름이며 그때 연주했던 곡명, 그리고 실수한 곳까지 정확히 지적해 냈던 것이다. 이 얼마나 대단한 기억력인가!

그러나 인간의 기억력이란 참으로 묘한 것이다. 흔히 현대인들 중에는 잊어버려도 좋은 것은 기억하고 잊지 말아야 할 것은 잊는 사람들이 많기 때문이다. 이 점에 대해 정신분석학자들은, "인간이 무엇인가를 잊는다는 것은 알고 싶다는 무의식적 욕망이 작용하기 때문"이라고 한다. 그래서 그런지 우리 주위에서 터졌던 대형사고들도 사람들은 곧잘 잊어버리곤 한다.

짝	밥	벼슬아치	서로
伴	食	宰	相
반	식	재	상

유능한 재상 곁의 반식재상

반려(伴侶) : 짝이 되는 친구. 동반자.
식구(食口) : 한집에 살며 끼니를 함께 먹는 사람.
재상(宰相) : 임금 다음의 벼슬.
상공(相公) : 재상.

출전(出典) : 당서의 노회신전.

　당나라 현종(玄宗) 밑에서 요숭(姚崇)과 함께 1년간 재상직을 맡고 있던 노회신(盧懷愼)은 요숭이 10여 일 동안 휴가를 가는 바람에 정사가 산처럼 쌓이게 되자 그 일들을 처리하지 못해 쩔쩔 매고 있었다.
　그러다가 요숭이 휴가를 마치고 돌아와 그 동안 밀렸던 업무들을 일사천리로 해결하자 노회신은 자기의 재능이 요숭에 미치지 못함을 느끼고 그 후부터는 어떤 일이건간에 요숭을 앞세우고 자신은 한 걸음 뒤로 물러섰다 한다.
　그래서 당시 사람들은 이런 노회신을 「반식재상」이라 칭하고 그를 가리켜 회식할 때나 필요한 재상이라며 조롱했던 것이다.
　현대 기업으로 말하면 술상무이며, 정부 직책으로 꼬집자면 피뢰침 총리인 셈이다.
　능력이나 전문지식에 앞서 단지 파벌의 이해관계에 따라 총리를 임명할 경우에 흔히 나타날 수 있는 현상이다.

뽑을	근본	막을	근원
拔	本	塞	源
발	본	색	원

뿌리를 뽑아 그 근원을 없애다

발본(拔本) : 근본을 뽑아 없앰.

본원(本源) : 주장이 되는 근원. 근본.

색(塞) : ① 변방. ② 성채. ③ 막음. ④ 충만함.

원류(源流) : ① 물흐름의 근원. ② 사물의 근원.

출전(出典) : 춘추 좌씨전 소공 9년.

22 고사성어 대백과

　나에게 큰아버지가 계신 것은 마치 의복에 갓과 면류관이 있고 나무와 물에 근원이 있고 백성들에게 지혜로운 임금이 있는 것과 같다. 큰아버지께서 만일 갓을 짜개고 면류관을 부수고 뿌리를 뽑아 근원을 틀어막고(拔本塞源) 오로지 지혜로운 임금을 버리신다면, 비록 오랑캐라 할지라도 그 남음이 어찌 한 사람에 있으리오.

　소공 9년 조항 중 주왕의 말에서 나온 고사다.
　한국인의 「발본색원」으로는 부정부패, 복지부동, 범죄와의 전쟁 등이 있었으나 그 어느 것 하나 속시원히 뿌리 뽑힌 적은 없다. 특히 공사발주 부실, 시공 부실, 지하가스관 관리 부실, 감독 부실, 지상교통 안전대책 부실, 도덕성 붕괴 등으로 인한 대구 지하철 가스폭발 사건의 「발본색원」은 그야말로 말뿐인 미봉책에 불과했음이 잇따른 대형사고들로 인해 속속 드러나고 있다.

밟을	뒤따를
跋	扈
발	호

통발을 뛰어넘다

발(跋) : ① 밟다. 짓밟다. ② 가다. ③ 거칠다. 난폭하다.
호(扈) : ① 뒤따르다. ② 넓다.

출전(出典) : 후한서의 양기전.

24 고사성어 대백과

후한(後漢)의 외척 중에서 가장 악랄했던 사람으로는 10대 순제(順帝) 황후의 오빠 양기(梁冀)를 꼽을 수 있다. 그는 20년 동안 실권을 장악하면서 순제가 죽자 두 살짜리 조카 중제를 즉위시켰으며, 그가 세 살에 죽자 여덟 살짜리 질제(質帝)를 즉위시켰을 정도로 권력의 핵이었다.

그런데 어느 날, 양기의 그러한 행동들이 눈에 거슬렸던 질제가 신하들을 배알하는 자리에서 그를 쏘아보면서 비꼬아 말했다.

"이분이 바로 발호장군(跋扈將軍)이로군요."

많은 신하들이 있는 자리에서 개망신을 당한 양기는 화가 치민 나머지, 얼마 후에 측근을 시켜 질제를 동살시키면서까지 화풀이를 했다.

발호의 발(跋)은 '뛰어넘는다'는 뜻이며, 호(扈)는 '대나무로 엮은 고기잡이 통발'을 말한다. 따라서 「발호」는, 작은 물고기들은 통발 속에 걸려들면 도망갈 수 없으나 대어(大魚)들은 통발

을 뛰어넘어 유유히 도망갈 수 있다는 뜻이다.

그래서 사람들은 그런 의미를 부여해, 신하가 '방약무인'이거나 하극상을 범했을 때 이 「발호」라는 말을 사용하곤 한다.

그런데 안타깝게도 우리 역사 인물 중에도 이 「발호」 같은 자가 많다. 그 중에서 한 예를 들자면, 하극상을 저지르면서까지 12·12 쿠데타를 주도한 실세들의 행동이 그것이다.

그런가 하면, 그 후 수(隨)나라 양제(煬帝)가 배를 타고 항해 도중 강한 폭풍을 만나자 당황해 하며, "이 바람은 과연 발호장군처럼 무섭군."이라고 말한 데서 후세 사람들은 '발호장군'이란 글자를 '폭풍'이란 뜻으로 응용해 사용하기도 했다.

고로 「발호」나 '발호장군'이란 말은 하극상의 주인공들이 가장 듣기 싫어하는 대명사다.

곁	같을	없을	사람
傍	若	無	人
방	약	무	인

남의 입장을 생각하지 않고 함부로 행동하는 사람

약(若) : ① 같을 약. ② 건초 야. ③ 땅이름 야.
무인지경(無人之境) : 사람이라고는 전혀 없는 곳.
인격(人格) : ① 사람의 품격. ② 고상한 인품.

출전(出典) : 사기의 자객열전.

문무를 겸비했던 위나라 사람 형가(荊軻)는 여러 나라를 방랑하며 현인·호걸들과 사귀기를 즐겨했는데, 그 중에 특히 연나라에서 사귄 축(筑 : 대나무로 만든 악기)의 명수 고점리(高漸離)와 호흡이 잘 맞아떨어졌다. 두 사람이 만나 취기가 돌면 고점리는 축을 연주하고 형가는 노래를 불러 댔다. 그러다가 감정이 폭발하면 서로 얼싸안고 울기도 웃기도 하며 마치 곁에 아무도 없는 것같이 행동했다.

여기서 「방약무인」이란 말이 유래되었는데, 이처럼 당당한 태도를 가리키던 「방약무인」의 뜻이 지금은 변색되어 천방지축으로 날뛰는 무례자들을 지칭하는 용어로 쓰이고 있다.

어쨌든 주위를 소란하게 하는 「방약무인」의 행동은 바람직하지 않으므로 그런 사람은 '발본색원'해야 할 것이다.

잔(盃)	소반	이리	자리
杯	盤	狼	藉
배	반	낭	자

술잔과 소반 등이 흩어져 있는 난장판

배(杯) : 술잔. 음료수나 국 등을 담는 그릇.
반(盤) : ① 소반. ② 대야. 목욕통.
낭자(狼藉) : 흩어져 어수선한 모양과 난장판.

출전(出典) : 사기의 순우곤전.

배반낭자(杯盤狼藉)

전국시대 초기, 제나라의 이름난 해학가였던 순우곤(順于髡)이 초나라에 사신으로 가 구원병을 얻는 데 성공하고 돌아오자, 위왕은 그를 위해 축하연을 베푼 자리에서 그의 주량을 물었다.

그러자 순우곤은 이렇게 대답했다.

"저는 한 말에도 취하고 한 섬에도 취합니다. 그러나 이런 엄숙한 자리에서 술을 마시게 되면 그 위엄에 눌려 한 말도 마시기 전에 취할 것이옵고, 손님 접대시에는 몸을 바르게 하느라 신경쓰는 바람에 두 말도 마시기 전에 취할 것이옵니다. 그리고 오랜만에 만난 다정한 벗과 마시면 대여섯 말은 마실 수 있고, 마을 사람들과 어울려 남녀가 놀이를 하면서 술잔을 주고 받으면 은근히 기쁨이 솟구쳐 여덟 말쯤은 마시게 되옵니다. 그리고 날이 저물어「배반낭자」가 됐을 때는 주인이 나만을 머물게 하고 다른 손님은 모두 돌려보내옵니다. 이어서 등불이 꺼지고 내 곁에서 비단 옷깃이 풀어지며 향긋한 향내음이 풍겨 오면 저의

마음은 황홀해져 능히 한 섬 술은 마시게 되옵지요."
 이렇게 주색을 겸비한 위왕의 마음을 간지럽게 만든 순우곤은 이어서 결정타를 먹였다.
 "그러나 술이 극도에 달하면 어지러워지고 즐거움이 극도에 달하면 슬퍼지면서 나라가 쇠퇴해질 것이옵니다."
 이 결정타에 위왕은 크게 깨닫고 그 후부터는 철야로 즐겼던 주색을 삼갔다 한다.
 여기서 주연이 극에 달하면 「배반낭자」가 된다는 말이 유래되었으며, 이런 「배반낭자」는 주위에서도 흔히 볼 수 있어 우리를 슬프게 만든다. 폭탄주와 「배반낭자」, 오렌지족의 「배반낭자」 등등.

背 등	水 물	陳 방비
배	수	진

강을 등에 두고 진을 치다

배후(背後) : ① 뒤. 배면(背面). ② 뒤편.
수로(水路) : 물이 흐르는 통로.
진열(陳列) : 물건 등을 죽 벌려 놓음.

출전(出典) : 사기의 회음후열전.

　'교토사양구팽', '다다익선' 등으로 유명한 '국사무쌍' 한신(韓信) 대장군이 조나라의 대군과 전투를 벌였을 때의 일이다. 정면으로 싸워서는 승산이 없다고 판단한 한신은 사생결단으로 「배수진」을 쳤다. 다시 말해, 강물을 등진 채로 진을 친 것이었다.

　위험천만한 이 작전을 보고 조나라 군사는 비웃으며 대공격을 퍼부었으나 결과는 조나라 군사의 대패로 끝나고 말았다. 한신은 싸움에 지쳐 전의를 상실한 군대를 사지에 몰아넣음으로써 어쩔 수 없이 죽을 각오로 결사항전한 군사들 때문에 대승을 거둔 것이었다.

　얼마 후 승전의 잔치석상에서 부하 장수가 한신에게 물었다.

　"병법에 의하면, 싸울 때는 산을 등지고 강을 앞에 두는 것이 원칙이라고 했습니다. 그런데 우리는 반대로 강을 등에 업고 싸웠는데도 대승을 거두었습니다. 그 이유는 어디에 있는지요?"

그러자 한신은 이렇게 대답했다.

"물론 그것이 원칙이지. 그러나 어떤 병법서에는 나 자신을 사지(死地)에 둠으로써 살 길이 있다고 적혀 있지. 그것을 보고 응용해 본 것이 이번의 배수진이야. 우리 부대는 오랜 원정을 거듭해 전력이 약해진 데다가 태반이 보충병으로 구성된 부대라 유사시에는 잡병들로 변할 요소가 다분하므로 일부러 배수진을 친 걸세."

이 일화가 그 유명한 「배수진」의 유래이며, 배수진을 친다는 말은 죽을 각오로 싸운다는 것을 뜻한다.

이 「배수진」은 한신의 후손인 중국인보다는 끝을 빨리 보고 싶어하는 한국인들이 더 즐겨 쓰는 것 같다. 그 이유는 아마 막다른 골목에 몰린 자의 경우처럼 사생결단을 좋아하는 기질 때문일 것이다. 물론 좋은 면보다는 나쁜 면에서.

잔(盃)	가운데	뱀	그림자
杯	中	蛇	影
배	중	사	영

잔 속에 비친 뱀 그림자

배중사영(杯中蛇影) : 의심이 많아 고민하는 것.
중심(中心) : ① 한복판(중앙). ② 심중(心中).
사족(蛇足) : 뱀의 발. 어리석음을 비유.
영전(影前) : 조상이나 죽은 사람의 위패나 화상 앞.

출전(出典) : 진서의 약광전.

배중사영(杯中蛇影) 35

　진(晉)나라의 하남태수 약광(藥廣)이 어느 날 친구와 함께 술을 마셨는데 조금 전까지만 해도 멀쩡하던 친구가 갑자기 배가 아프다며 데굴데굴 뒹굴었다. 그래서 그는 이상하게 생각되어 곰곰 그 연유를 파 보았다. 그 결과 그는 벽에 걸려 있는 활에 새겨진 뱀 그림 때문이라는 사실을 알고, 친구를 억지로 일으켜 그 자리에 앉혀놓고 다시 잔에 술을 부었다. 그러자 친구의 술잔에 활에 새겨진 뱀 그림이 비쳤다. 이에 깜짝 놀라는 친구를 보고 그는 웃으며 말했다.
　"그 술잔 속에 들어 있는 뱀은 저 활의 그림자일세."
　그 친구는 술잔에 비친 뱀의 형상을 보고 병이 걸렸던 것이다. 결국 의혹이 풀리면서 친구의 병은 씻은 듯 나았는데 이때부터, '쓸데없이 의심을 품게 되면 엉뚱한 곳에 탈이 생기게 된다'는 비유로 이 말이 쓰이게 되었다 한다. 요샛말로 하면 노이로제인 셈이다. "공포는 항상 무지에서 생긴다"는 에머슨의 말이 실감난다.

흰	망아지	지날	틈
白	駒	過	隙
백	구	과	극

흰 망아지가 문 틈으로 지나가는 순간

백구(白駒) : 흰 망아지.
구극(駒隙) : 달리는 흰 말을 틈새로 본다는 뜻.
과거(過去) : 지나간 때.
극(隙) : 틈. 사이.

출전(出典) : 장자의 지북유편.

백구과극(白駒過隙) 37

사람이 하늘과 땅 사이에 사는 것은 마치 흰 말이 달려지나가는 것을 문틈으로 보는 것과 같이 순간적이다.

인생의 지나감이 무척 빠르다는 것을 비유한 이 말은 장자의 지북유편에 나온다.

인생이 짧다는 것을 잘 알고 있으면서도 천만 년 살 것처럼 행동하는 사람들에게 시인 롱펠로우는 이렇게 말하고 있다.

쓸쓸한 마음으로 과거를 되돌아보지 말라. 그것은 두 번 다시 오지 않을 테니까. 빈틈없이 현재를 이용하라. 그것을 할 사람은 오직 그대뿐이다. 그림자와 같은 미래를 향하여 나아가라, 두려워하지 말고 늠름하게.

※ 롱펠로우(1807~1882) : 미국의 대표적 국민시인.

일백	해	강이름	맑을
百	年	河	淸
백	년	하	청

죽도록 황하의 물이 맑아지기를 기다리다

백년하청(百年河淸) : 황하는 늘 흐려서 맑을 때가 없다는 뜻으로, 아무리 바라고 기다려도 이루어지기 어렵다는 뜻.

연간(年間) : 한 해 동안.

하청(河淸) : 황하의 물이 맑아지는 일.

청류(淸流) : ① 맑게 흐르는 물. ② 청렴한 사람들.

출전(出典) : 춘추 좌씨전의 양공 8년.

백년하청(白年河淸) 39

　전국시대 때 약소국인 정나라가 강대국인 초나라의 속국격인 채나라를 침공해 공자를 포로로 잡자 초나라가 대군을 일으켜 정나라를 공격하려고 했다.
　이에 위기감을 느낀 정나라의 군신들이 대책회의를 열고 방안을 강구했는데, 항복하자는 의견과 강대국인 진나라에 도움을 청해 싸우자는 주장으로 엇갈려 좀처럼 결론이 나지 않았다.
　그러자 항복론자인 자사(子駟)가 나서며 말했다.
　"시경에 '황하의 물이 맑기를 기다렸다가는 목숨이 몇 개 있어도 모자란다'는 말이 있듯이, 실속없는 말만 앞세우다가는 날짐승이 거미줄에 걸린 것처럼 꼼짝달싹도 못 하게 될 것입니다. 고로 이번에는 초나라에 항복해 백성들을 위험에서 구하고 그 다음 진나라를 기다리는 것만이 소국이 살 길입니다."
　그는 이렇게 일부의 반대를 억누르고 초나라와 화평을 맺어 위기를 모면했던 것이다.

　가난한 사람들에게는 그들 나름대로 살아 나가는 방법이 있듯이 약소국인 정나라에도 그들만의 살아나가는 방법이 있었던 것이다. 그리고 여기서 자사의 '하청(河淸)을 기다린다'는 말은 '진나라의 구원병을 기다린다는 것은 황하가 맑아지기를 기다리는 것과 같다'는 의미로 사용된 것인데, 오늘날에는 보통, '불가능한 일'의 상징으로 쓰여지고 있다.
　속된 말로 '쓰레기통에서 장미꽃이 피기를 바란다'는 말과 비슷하며, 또한 이「백년하청」은 '십년하청(十年河靑)'으로도 쓰여지고 있는데, 해결의 실마리가 도저히 풀리지 않는 소송관계 등에 비유되기도 한다.
　그런 뜻에서 우리도 실현 불가능한 일은 무작정 기다릴 것이 아니라, 이「백년하청」의 의미를 거울 삼아 재빨리 사태를 파악하여 대처하는 게 바람직할 것이다.

흰	얼굴	글	날
白	面	書	生
백	면	서	생

얼굴이 창백한 서생

백면(白面) : 흰 얼굴.

면상(面上) : 얼굴 위. 낯바닥.

서생(書生) : 학업을 닦는 젊은이.

출전(出典) : 송서(宋書)의 심경지전.

　남북조시대 때 남조(南朝)의 송나라 문제가 북위(北魏)를 토벌하기 위해 귀족들의 찬성을 얻어 군대를 일으키려고 하자, 심경지(沈慶之)가 자리를 박차고 일어나 귀족들을 꾸짖고 문제에게 바른말을 했다.

　"밭일은 농사꾼들에게 물어보고 베 짜는 일은 하녀들에게 물어봐야 하옵니다. 그런데 폐하께옵서는 지금 적국을 공격하려고 하시면서 젊고 경험이 없는 백면서생들과 의논을 하고 계시옵니다. 그러시면서 어찌 적을 토벌할 수 있겠사옵니까?"

　졸지에 귀족들은 백면서생이 되어 버린 것이다.

　여기서 유래된 이 「백면서생」이란 말은 얼굴이 검게 탄 무인과 대비되는 동시에, 이론만 알고 경험이 없는 초년생을 비꼬는 말로도 쓰인다. 우리 주위에도 이러한 「백면서생」들이 결코 적지 않다.

일백	들을	말 이을	아니	같을	한	볼
百	聞	而	不	如	一	見
백	문	이	불	여	일	견

백 번 듣는 것보다
한 번 보는 것이 낫다

백종(百種) : 백 가지 종류.
문(聞) : ① 듣다. ② 들어서 알다. ③ 가르침을 받다.
이(而) : ① 그리고, 또한, 그러나 등의 접속 역할. ② 너.
불여의(不如意) : 뜻대로 되지 않음.
여일(如一) : 한결같음. 변하지 않음.
일견(一見) : 한 번 봄.

출전(出典) : 한서의 조충국전.

한(漢)나라 선제(宣帝) 때 티벳 계통의 강(姜)이라는 유목민이 반란을 일으키자, 선제는 한무제 때 흉노와 싸워 큰 전공을 세운 바 있는 명장 조충국(趙充國)을 불러 작전 계획을 물었다.

그러자 70이 넘은 나이가 무색할 정도로 원기가 왕성한 조충국은 이렇게 대답했다.

"백문이불여일견이옵니다. 작전지에서 멀리 떨어진 곳에서는 작전 계획을 짜기가 어려운 법이오니, 신이 직접 작전 지역으로 달려가 도면을 그린 다음 계책을 짜 올리겠사옵니다."

그 후 조충국은 선제의 승낙을 받고 국경 지역을 평정해 다시 한 번 '노익장(1권 321페이지 참조)'을 과시했다 한다.

여기서 「백문이불여일견」이란 말이 나왔으며, 이 말은 지금도 널리 애용되고 있다.

흰 눈썹

백미(白眉) : 흰 눈썹. 여러 명 가운데서 가장 뛰어난 사람이나 물건
            을 이름.
미간(眉間) : 두 눈썹 사이.

출전(出典) : 삼국지의 마량전.

　삼국지의 명스타 유비의 참모 중에는 「백미」라는 별명을 갖고 있는 마량(馬良)이란 사람이 있었다.
　그는 5형제로, 그들 모두의 자(字)에 상(常) 자가 붙어 있어 마씨(馬氏)의 오상(五常)이라 불리웠다. 그들 5형제는 모두 영리하고 학문이 뛰어났다. 특히 그 중에서 마량이 제일 뛰어나 사람들은 "마씨 오상 중에 「백미」가 제일 훌륭하다"며 칭찬을 아끼지 않았는데, 여기서 「백미」란, 마량이 태어나면서부터 유별나게 눈썹에 흰 털이 많기 때문에 붙여진 별명이었다.
　이때부터 「백미」하면, 수많은 사람 중에서 특히 뛰어난 사람이나 작품을 비유하는 말이 되었다.
　문무를 겸비했던 마량은 삼국지의 명참모 제갈공명과 '문경지교'를 맺기도 했으나, 그의 아우 마속은 제갈공명에게 비참한 최후를 맞아 대조를 이루고 있다.

일백	필	일백	가운데
百	發	百	中
백	발	백	중

백 번 쏘아 백 번을 맞히다

백발(百發) : 백 발을 쏨.
발포(發砲) : 총포를 쏨.
백중(百中) : 쏘면 틀림없이 맞힘.
중간(中間) : 한가운데.

출전(出典) : 사기의 주기(周紀).

　춘추시대 초나라 사람인 양유기(養由基)는 젊었을 때부터 용기와 완력이 뛰어났을 뿐만 아니라, 특히 활 쏘는 솜씨가 특출해 백 보나 떨어진 곳에서 버들잎을 향해 백 발을 쏘면 백 발이 다 맞는, 그야말로 「백발백중」의 실력자로 유명하다.
　그러나 그런 양유기도 결국에는 전쟁터에서 화살에 맞아 죽음으로써 "칼로 흥한 자는 칼로 망한다"는 말을 더욱더 실감나게 만들어 주었다. 사람이 하는 일에는 「백발백중」 즉 완전무결이란 있을 수 없는가 보다.
　여기서 참고 삼아 말하자면, 예로부터 중국에서는 백(百)이라는 단어를 여러 종류의 뜻으로 사용했는데, 예를 들면 '백구과극', '백년하청', '백면서생', '백문이불여일견', '백미', '백발삼천장', '백아절현'과 같은 것들이 있다.

흰	터럭	석	일천	어른
白	髮	三	千	丈
백	발	삼	천	장

흰머리가 3천 길

백발(白髮) : 흰머리.
삼일천하(三日天下) : 삼 일 동안 천하를 다스린다는 뜻.
천자문(千字文) : 1천 자로 된 사언시(四言詩).
장륙(丈六) : 일장육척(一丈六尺)의 길이.

출전(出典) : 이백의 시(추포가).

백발삼천장
수심으로 이렇게 길었구나.
맑은 거울이지만 그 속을 모르겠네.
어디서 가을서리를 얻었을까?

　이 시는 이백(李白)의 시 가운데서 가장 잘 알려진 시구다. 여기에서 흰머리가 삼천 길이나 된다는「백발삼천장」이란 말은 중국식 허풍의 특징이므로 곧이곧대로 받아들여서는 안 된다. 이 말은 거울을 보고 자신의 백발을 해학적으로 표현한 것으로, 이백의 고독함을 표현한 것일 뿐이다.
　독일의 소설가 장 파울은 노년의 고독에 대해 이렇게 말했다.

　　노경(老境)을 그토록 슬프게 만드는 것은 즐거움이 없어지기 때문이 아니라 희망이 없어지기 때문이다.

　「백발삼천장」이 된 노인들의 고독을 알아주어야 할 것이다.

맏	어금니	끊을	악기줄
伯	牙	絶	絃
백	아	절	현

백아가 거문고 줄을 끊다

백아(伯牙) : 전국시대 거문고의 명인.

절현(絶絃) : 거문고 줄을 끊다.

현악(絃樂) : 현악기로 연주하는 음악(거문고, 가야금).

출전(出典) : 열자의 탕문편.

중국 춘추시대의 거문고 대가 백아(伯牙)에게는 그의 음악을 정확하게 이해하고 있는 종자기(種子期)라는 친구가 있었다.

백아가 거문고 소리로 높은 산들의 모습을 표현하면, 종자기는 곁에서 그 소리에 귀를 기울이고 있다가, "오호! 높이 치솟는 느낌이 마치 태산처럼 웅장하구나!" 하며 감탄사와 함께 칭찬을 아끼지 않았고, 또한 백아가 물의 기상을 표현하면, "정말 좋다! 도도하게 흐르는 물의 느낌이 마치 장강이나 황하 같구나!" 하며 맞장구를 쳐 주곤 했다.

그리고 이런 일도 있었다. 어느 날, 두 사람이 태산 깊숙이 들어갔다가 갑자기 폭우를 만나 동굴로 몸을 피했다. 시간이 흘러도 억수같이 퍼붓는 폭우는 그칠 줄 모르고 마치 태산을 허물기라도 하려는 듯이 계속 쏟아졌다. 이때 백아는 빗소리에 맞추어 거문고를 타기 시작했다. 처음에는 임우지곡(霖雨之曲)을, 그 다음에는 붕산지곡(崩山之曲)을 탔다.

백아절현(伯牙絶絃) 53

그때마다 종자기는 그 곡이 의미하고 있는 바를 정확히 알아 맞히며 칭찬을 아끼지 않았다.

백아는 주위 분위기와 친구의 멋진 이해심에 울음을 터뜨릴 정도로 감격하여 거문고를 멈추고 말했다.

"아아······. 자네의 듣는 귀는 정말 굉장해. 어쩌면 그렇게도 내 심중을 잘 알아맞히는가? 자네 앞에서는 거문고 소리를 속일 수가 없네 그려!"

이렇게 두 사람의 음악 세계는 일치했다.

그러나 그 후 안타깝게도 종자기는 병을 얻어 죽고 말았다. 운명의 신이 그들의 우정을 시샘했는지 두 사람 사이를 갈라 놓았던 것이다. 그러자 백아는 하늘을 원망하고, 크게 슬픈 나머지 거문고 줄을 끊어 버리고 죽을 때까지 거문고를 만지지 않았다 한다.

이 고사는 참된 예술정신이 무엇인가를 현대 음악인들에게 보

여 준 것이라 하겠다. 그러나 이 고사의 정의가 꼭 예술 세계에만 국한되는 것은 아니다. 참된 우정에 대한 교훈이기도 하다.

"선비는 자신을 알아주는 사람을 위해 목숨을 바칠 수도 있다"고 했듯이, 백아 또한 친구를 위해 예술인으로서는 도저히 하기 힘든 절현(絶絃)을 했던 것이다.

세상에서 이런 '우인지기(友人知己)'는 좀처럼 찾아보기가 힘들다. 그래서인지는 몰라도, 필자는 이 장을 엮으면서 감정이 복받쳐 몇 시간 동안 펜을 잡지 못했음을 시인한다.

흰	눈	볼
白	眼	視
백	안	시

흰 눈동자로 보다

백안시(白眼視) : 냉대함. 또는 그 눈초리.
안광(眼光) : 눈빛. 눈의 정기.
시선(視線) : 눈이 가는 길.

출전(出典) : 진서의 완적전.

　죽림칠현(竹林七賢)의 한 사람이었던 완적(阮籍)은 명문 출신에다 외모가 수려하고 학문도 뛰어났으나, 위나라가 진나라로 바뀌면서 난세가 계속되자 혼탁한 사회에 대한 반발로 속세를 등지고 자연을 벗 삼아 초야에 묻혀 살면서 수많은 기행(奇行)을 남겼다.

　그는 노자와 장자의 자연철학을 좋아했으며 독서에 한번 파묻히면 문을 닫아걸고 몇 달 동안이나 나오지 않았다. 그리고 또한 자기 혼자 높은 산에 올라가 며칠씩 집에 돌아오지 않았으며, 술을 좋아하고, 노래하고 시를 읊으며 거문고도 능숙하게 탔다.

　그런가 하면, 그는 평소 자신의 감정표현을 눈동자로 하는 이상한 버릇이 있었다. 통속적인 겉치레와 예의를 지켜야 할 선비를 만났을 때는「백안시」로 대했고, 자기와 뜻이 맞는 사람과 만났을 때는 검은 눈동자로 반갑게 대했던 것이다. 그 한 예를 들자면 다음과 같은 일화가 있다.

백안시(白眼視) 57

어느 날, 그의 어머니가 돌아가셨을 때의 일이다. 죽림칠현의 한 사람인 혜강의 동생이 형식적으로 조문을 오자 그는 검은 눈동자를 옆으로 돌려 흰자위를 보였다. 그의 주특기인 보기도 싫다는 의사표시였던 것이다.

그러나 동생으로부터 완적의 모친이 돌아가셨다는 소식을 전해 들은 혜강이 술과 거문고를 들고 나타났을 때는 달랐다. 이때는 완적이 크게 기뻐하며 검은 눈동자로 환영의 뜻을 표시했던 것이다.

그 후 사람들은 완적의 주특기를 보고 「백안시」라 했으며, 이런 완적의 행동은 '방약무인'으로 연결된다. 고로 완적은 기인(奇人)의 대표적인 모델인 셈이다.

잣나무	배	어조사	절개
栢	舟	之	操
백	주	지	조

과부의 굳은 정조

백(栢) : ① 측백나무. ② 잣나무.
주교(舟橋) : ① 배다리. ② 배와 다리.
지(之) : ① 가다. ② 이, 그(대명사). ③ 어조사.
조행(操行) : 몸가짐. 품행.

출전(出典) : 시경의 용풍.

백주지조(栢舟之操)

두둥실 잣나무배 황하 가운데 떠 있네.
다발머리 사나이만이 진정 내 남편
죽어도 나는 다른 마음은 갖지 않으리.
어머님은 하늘. 어이 내 마음을 몰라 주실까?

　이 시는 위나라 제후의 공자가 일찍 요절하면서 '미망인'(1권 508페이지 참조)이 된 공강(共姜)이 친정 어머니의 재가 요청을 뿌리치고 자신의 굳은 지조를 나타내기 위해 지은 '백주'라는 시의 끝구절이다.
　여기서 '백주'란 잣나무배로서, 배의 재료로서 잣나무 이상 튼튼한 것이 없다는 것을 내포하고 있다. 따라서「백주지조」란 잣나무처럼 굳건한 지조를 말한다. 정조를 헌신짝 버리듯 하는 일부 현대인들에게 귀감이 되는 말이다.

맏	버금	어조사	형세
伯	仲	之	勢
백	중	지	세

형제의 힘

백중(伯仲) : ① 형과 아우. ② 인물, 기량 등이 서로 비슷해 우열을
가릴 수 없음(난형난제).
중형(仲兄) : 자기의 둘째형.
지(之) : ① 가다. ② 이, 그(대명사). ③ 어조사.
세도(勢道) : 정치적 권세.

출전(出典) : 위나라 문제의 전론.

백중지세(伯仲之勢) 61

부의(傅毅)와 반고(班固)는 그 역량에 있어서 백중지간(伯仲之間)이었다.

이 말은 위나라의 문제가 한(漢)나라 시대의 대문장가인 부의와 반고의 문장실력을 평하면서 서로「백중지세」였다고 표현한 것이다.

여기서 '백중지간'이라는 말이 유래되었는데, 현재는「백중지세」라는 동의어가 더 많이 알려져 있으며, 이 말은 주로 선거 때 서로 비슷비슷한 입후보자를 평할 때나 시소 게임을 전개하는 국내외 스포츠 중계시에 많이 사용되고 있다. 그리고 비슷한 뜻으로 '난형난제' (1권 297페이지 참조)라는 말도 있다.

이 장의 정의를 되살려, "미국의 경제력과 한국의 경제력은 백중지세다"라는 말을 듣게 되는 날이 하루 빨리 돌아올 수 있도록 우리 함께 노력해야 할 것이다.

법	석	규정
法	三	章
법	삼	장

세 가지 법규정

법규(法規) : 법률, 명령, 규정, 규칙 등의 총칭.
삼권(三權) : 국가통치의 세 가지 권력, 즉 입법권, 사법권, 행정권.
장(章) : ① 문채. ② 악곡·시문의 한 단락. ③ 글. 문장. ④ 조목.
　　　　⑤ 규정. ⑥ 표징. ⑦ 밝다. ⑧ 구획.

출전(出典) : 사기의 고조본기.

　'건곤일척'(1권 61페이지 참조)의 주인공인 유방과 항우가 서로 약속하기를, 관중(關中)에 먼저 입성한 사람이 천하의 왕이 되기로 했다. 그리하여 관중에 먼저 입성한 유방이 진나라 궁궐을 접수한 후 왕을 자처해 법삼장을 선포했다.
　"나는 이 나라의 왕으로서 여러분과 약속하노라. 지금 이 시간부터 진나라의 가혹한 법률을 전부 폐기하고 세 가지 법만 선포하겠노라. 첫째, 사람을 죽인 자는 사형에 처한다. 둘째, 사람을 상하게 한 자는 그 정도에 따라 벌하고, 셋째, 물건을 훔친 자 역시 그 정도에 따라 벌할 것이다."
　전세계를 통틀어 가장 간결한 「법삼장」은 여기서 나왔으며, 또한 너무 간략하게 백성들과 약속했다 하여 일명 약법삼장(約法三章)이라고도 한다.
　"법률이 많을수록 범법자도 많아진다"는 영국의 성직자 T. 폴러의 명언이 이 장의 정의를 대변한다.

법은 될 수 있는 한 적고, 있는 법들이 엄격히 지켜질 때에야 비로소 정치가 잘된다.

이 말은 "나는 생각한다, 고로 나는 존재한다"라는 명언을 남긴 근대철학의 아버지 데카르트가 한 말이다.

그런데 우리나라의 경우는 어떠한가? 법은 주체할 수 없을 정도로 많지만, 그것들이 잘 지켜지는 경우는 매우 적다.

그 이유를 미국 제3대 대통령 제퍼슨의 명언에서 찾아보자.

법을 만드는 것보다 중요한 것은 법의 집행에 있다.

법을 어기면 누구를 막론하고 '신상필벌'로 다스려야 한다는 뜻이다. 그러나 우리의 현실은 그렇지 못하다. 끗발 있는 거물들은 「삼장법」에 해당하는 죄를 짓고도 미꾸라지처럼 요리조리 잘도 빠져 나간다.

나눌	없을	긴	만물
別	無	長	物
별	무	장	물

불필요한 물건이라도 나눌 게 없다

별무(別無) : 나눌 게 없다. 구별할 게 없다.
무분별(無分別) : 깊은 생각이나 분별력이 없음.
장물(長物) : 불필요한 물건.
물건(物件) : ① 물품. ② 법률의 권리 목적물.

출전(出典) : 진서의 왕공전.

　동진(東晉)시대, 어느 날 지조가 높고 청렴결백한 왕공(王恭)에게 친구가 찾아왔다. 왕공은 그를 대나무 돗자리에 안내했고, 두 사람은 그곳에서 환담을 나누고 있었다.
　잠시 후 그 대나무 돗자리가 마음에 든 친구가 무심코 그것을 자기한테 달라고 청했다.
　그러자 왕공은 쑥스러운 표정을 지으며 말했다.
　"아무리 불필요한 물건이라도 나에게는 나눌 만한 여유조차 없다네."
　왕공에게 그럴 만한 여유조차 없다니! 그의 검소함에 다시 한 번 감탄한 친구는 자신의 경솔함을 뉘우치고, 그 후 왕공을 존경하고 오랫동안 친교를 맺으며 우의를 돈독히 했다 한다.
　물질만능 시대인 현대사회에서 왕공 같은 사람은 찾아보기가 힘들다. 그래서인지 메난드로스가 현대인들에게 "재물을 택하기보다는 명성을 택하라"고 충고한 모양이다.

군사	들을	못날	빠를
兵	聞	拙	速
병	문	졸	속

전쟁은 서툴더라도
빨리 끝내야 한다고 했다

병법(兵法) : 전쟁에 이기는 방법(전술).
문(聞) : ① 듣다. ② 들어서 알다.
졸속(拙速) : 서투르나 빠름.
속공(速攻) : 신속하게 공격함.

출전(出典) : 손자병법의 작전편.

전쟁은 서툴더라도 재빨리 끝내야 한다. 전쟁을 오래 끌어 성공한 예가 없기 때문이다.

손자병법의 이 고사는 현대전에도 그대로 통용된다.
그 한 예로, 장기전으로 인해 수많은 물자와 인명을 빼앗긴 미국의 베트남 전쟁, 즉 '실패한 전쟁'을 들 수 있고, 또 한 예로는 속전속결로 기습공격을 감행해 걸프전쟁을 승리로 이끈 미국의 '성공한 전쟁'을 들 수 있다. 아울러 이 두 예는 이 장의 교훈이 될 것이다.
그래서 필자는 은근히 걱정된다. 장기전으로 치닫고 있는 미국과 북한의 불길한 핵협상 결과가. 그렇다고 상대가 상대인 만큼 속전속결로 처리할 수 없는 외교전쟁이라 답답할 뿐이다.

병법	죽을	땅	말 맺을
兵	死	地	也
병	사	지	야

병법은 사지다

병서(兵書) : 병법에 관한 책.
사지(死地) : ① 죽을 곳, 죽은 곳. ② 살아나오기 어려운 곳.
지(地) : ① 땅. ② 장소. ③ 지위. ④ 어조사.
야(也) : ① 이끼 야. ② 또 야. ③ 말 맺을 이.

출전(出典) : 사기의 염파·인상여전.

'문경지교'(1권 498페이지)로 유명한 염파와 인상여에 견줄 만한 조사(趙奢)에게 조괄(趙括)이란 아들이 있었다. 조괄은 어려서부터 병법에 관한 한 자신을 따를 자가 없다며 자만심을 갖고 있었다.

그러나 그 아버지인 조사의 생각은 달랐다.

"병법은 사지인데 저녀석이 저렇게 병법이론만 믿고 겁없이 행동하니 큰일이구나. 만약 저녀석이 병법을 사용하게 된다면 조나라도 망하게 될 텐데……."

아들을 보는 아버지의 눈은 정확했다. 그 후, '교주고슬'에서 소개했듯이, 조괄은 「병사지야」를 모르고 겁없이 병법이론을 실전에 사용했다가 초반에 40만이라는 대군을 잃고 대참패를 당해 조나라를 위기에 몰아넣었던 것이다.

병들	들	기름	명치끝
病	入	膏	肓
병	입	고	황

불치병이 심장과 횡경막 사이에 들어가다

병약(病弱) : ① 병에 걸려 쇠약해짐. ② 병에 약함.

입산(入山) : ① 산에 들어감. ② 출가해 중이 됨.

고황(膏肓) : ① 명치. 심장과 격막 사이 부분. 침이나 약으로 고치지 못하는 곳.

출전(出典) : 춘추 좌씨전 경공 10년.

춘추시대의 진(晉)나라 경공(景公)은 어느 날 밤에 꾼 악몽 때문에 기분이 몹시 상해 있었다. 꿈속에 머리를 산발한 귀신이 나타나, "네가 내 자손을 모두 죽였으니 나도 널 죽이겠다"며 쫓아다녔던 것이다. 이에 경공이 즉시 무당을 불러 물으니 무당은 이렇게 해몽했다.

"왕께옵서는 올해 수확되는 햇보리를 드셔 보지도 못하고 목숨을 잃게 된다는 뜻이옵니다."

이런 일이 있은 지 얼마 되지 않아 경공은 병석에 눕게 되었고 병세는 나날이 악화되어만 갔다. 그래서 그는 치료를 받기 위해 서쪽에 있는 진(秦)나라의 명의 고완(高緩)을 불렀다.

그런데 경공은 고완이 도착하기 전날 밤에 또 이상한 꿈을 꾸었다. 그의 질병이 두 아이로 변하더니 이렇게 이야기를 주고받는 것이었다.

"고완은 명의야. 그가 오면 우리는 끝장이야. 어디로 도망가

병입고황(病入膏肓) 73

야 안전할까?"

"그렇다면 심장 아래 횡경막 위에 숨자."

그리고 더욱더 기가 막힐 노릇은 고완이 도착해 경공의 병세를 진단하면서 한 말이었다.

"질병이 이미 심장 아래 횡경막 위에 숨어들었으므로 침과 약이 통하지 않습니다."

꿈속에서 두 아이가 한 말처럼 고완이 자신의 병세를 족집게처럼 집어내자 경공은 탄복과 함께 등골이 오싹해져 옴을 느꼈다.

그러나 그는 그 후 햇보리가 수확될 때까지도 죽지 않았던 것이다. 안심한 경공은 햇보리밥을 앞에 놓은 자리에 무당을 불러놓은 다음 엉터리 예언을 한 죄를 물어 그의 목을 날려 버렸다.

그리고 나서 경공이 밥을 먹으려고 수저를 드는데 갑자기 배가 아파 오기 시작했고, 급하게 변소로 달려갔던 경공은 그 길

로 변기통에 빠져 죽고 말았다.

이때부터 사람들은 불치의 병 또는 도저히 고칠 수 없는 악습 등을 가리켜 「병입고황」이라고 했다.

인간이라면 누구나 꿈을 꾸게 마련이다. 그런 뜻에서 공자가 평생 동안 사모하고 추앙했던 주공(周公)의 해몽법을 기초로 재미있게 풀어 쓴 『꿈풀이 대백과』(도서출판 동반인 발행)의 내용을 인용해 보자.

- 도깨비나 유령, 귀신에게 쫓겨 도망다니거나 두려워서 공포에 떠는 꿈을 꾸면?
    - 질병·우환·낭패·고전·장해·말썽 등의 피해를 겪게 될 징조.

- 죽었던 사람이 되살아나거나 죽은 사람이 음식을 먹는 꿈은?
    - 재물과 이권이 풍성해지고 좋은 기회에 주위 여건이 호전되거나 순조로운 발전과 안정을 누리게 될 징조.

갚을	원수	써	덕
報	怨	以	德
보	원	이	덕

원한을 덕으로써 갚다

보원(報怨) : ① 원수를 갚음. ② 원수에게 은혜를 베풂.
원한(怨恨) : 원통한 생각.
이(以) : ① …로써, …을 가지고. ② 하다. 되다.
덕인(德人) : 남에게 덕화를 베푸는 사람.

출전(出典) : 노자 도덕경 63장.

　무위(無爲)를 위해 무사(無事)를 일삼으며, 맛이 없는 것이라도 맛있게 먹고, 작은 것을 크게 여기며, 적은 것에는 많은 것을 주며, 원한은 덕으로 갚아라.

　원한을 덕으로 갚으라는 이 말은 해석할 필요도 없는 쉬운 말이지만 굳이 비유하자면 이렇다.
　어느 날 어떤 남자가 소크라테스에게 욕설을 퍼부으며 말했다.
"너에게 복수할 수 없다면 차라리 죽는 게 낫다."
　그러자 소크라테스가 태연하게 말했다.
"내가 너의 친구가 될 수 없다면 차라리 죽는 게 낫다."
　이런 소크라테스의 철학 속에는 노자의 「보원이덕」의 의미가 담겨져 있다. 상대방이 자신에게 원한을 품더라도 복수는 생각하지 말라는 교훈이다. 이 교훈은 앞으로 소개될 '불구대천지원수'와 비교되므로 이 장을 다시 한 번 읽어 보기 바란다.

기울	못날	아니	계집	부지런할
補	拙	不	女	勤
보	졸	불	여	근

근면으로 서툰 것을 보충한다

보충(補充) : 모자람을 보태고 채움.
졸렬(拙劣) : 서투르고 옹졸함.
불찰(不察) : 잘 살피지 않은 탓으로 일어난 잘못.
여랑(女郞) : ① 소녀. ② 사나이 같은 기질과 재주를 지닌 여자.
근면(勤勉) : 부지런히 노력함.

출전(出典) : 백거이(白居易 : 백낙천).

 당나라 중엽, 당대의 대시인인 백거이(白居易)가 동남지구에서 제일로 큰 주(州)이며 인구도 5십여만이나 되는 소주(蘇州)의 관리로 임명됐을 때 있었던 일이다.

 백거이에게 있어 이 도시는 고향이며 구경거리도 많았으나, 그는 부임하면서부터 곧바로 정사(政事)에 몰두하느라 아름다운 고향산천을 변변히 구경할 틈도 없었다. 심지어 그는 자신에게 있어 절대적으로 빼놓을 수 없는 술과 음악조차 멀리할 정도로 정사에 열성으로 매달렸다. 그 이유는 훗날 그가 친구에게 보낸 한 편의 시에 잘 나타나 있다.

 "졸(拙)을 보충하는 것은 근(勤) 이상 없다."

 즉 서툰 일은 근면으로 보충할 수밖에 없다는 것이다. 이런 근면정신에 대해 카알라일은 이렇게 평했다.

 일하는 사람의 마음속에서는 신(神)과 같은 힘이 솟아난다.

보졸불여근(補拙不女勤) 79

즉 신성한 생활력이 솟아나오는 것이다. 이러한 힘은 전능의 신이 그 사람의 마음속에 부여하는 것이다. 사람이 하지 않으면 안 될 형편의 노동에 종사할 때 그에게 고귀한 힘을 주며 그를 지식으로 인도하는 것이다. 참된 지식은 오로지 일을 함으로써 얻을 수 있다. 만약 그렇지 못한 지식은 하나의 가설에 지나지 않으며 공론에 지나지 않는다. 우리가 실제적인 일을 통해서 경험하지 못하는 한 모든 지식은 다 그렇다고 볼 수 있다.

카알라일의 말처럼 백거이도 「보졸불여근」에서 경험을 쌓아 참된 지식과 신선한 시를 읊을 수 있었던 것이다. 우리도 이 점을 본받아야 할 것이다.

※ 카알라일(1795~1881) : 영국의 사상가이며 역사가.

엎어질	물	아니	돌아올	동이
覆	水	不	返	盆
복	수	불	반	분

이미 엎질러진 물은 다시 물동이에 주워담을 수 없다

복심(覆審) : 다시 조사함(재심).

수량(水量) : 물의 분량.

불가피(不可避) : 어쩔 수 없음. 불가항력(不可抗力).

반납(返納) : 도로 돌려줌.

분(盆) : ① 물동이. ② 물이 솟다.

출전(出典) : 사기의 제태공세가. 습유기.

복수불반분(覆水不返盆) 81

우리나라에서 강태공으로 잘 알려진 태공망(太公望)에게 마씨(馬氏)라는 조강지처가 있었다. 그녀는 태공망에게 시집간 지 얼마 안 돼, 남편이 일은 안 하고 매일같이 집에 틀어박혀 책하고 씨름만 하자 생활고를 이유로 친정으로 돌아가 버렸다.

그러나 그 무능력하게만 보이던 남편이 위수가에서 주나라의 문왕을 만나, 주나라의 번영을 가져오게 한 공으로 제후가 되었던 것이다. 그 소문을 들은 그녀는 태공망을 찾아가 다시 살기를 간청했다.

이때 태공망은 그녀에게 물동이에 있는 물을 땅에 쏟게 한 후 그 물을 다시 그릇에 담아 보라고 하면서 이렇게 말했다.

"일단 그렇게 한번 엎어져 버린 물은 다시 주워담을 수 없는 법이오."

다시 말해, 한번 헤어진 부부는 다시 합쳐질 수 없다는 뜻이었다. 이처럼 원상회복이 불가능한 일을 두고 말할 때 사람들은

흔히 이 고사를 인용하곤 한다. 따라서 우리는 무슨 일을 저지르기에 앞서 차분히 생각하는 습관을 들여야 할 것이다. 특히 이혼율이 날로 증가하는 오늘날의 젊은 부부들이 명심해야 할 고사다.

붙을	천리마	꼬리
付	驥	尾
부	기	미

천리마의 꼬리에 붙다

부벽(付壁) : 벽에 붙이는 글씨나 그림 등.
기(驥) : ① 천리마. ② 뛰어난 인물. 준재(俊才).
미행(尾行) : 남의 뒤를 몰래 따라감.

출전(出典) : 사기의 백이열전.

　백이(伯夷)와 숙제(叔齊)가 당대의 현인이었다고는 하나 공자에게 찬양을 받았으므로 그 이름이 더욱더 빛날 것이며, 안연(顔淵)이 참된 사람으로서 학문을 열심히 닦아 명성을 얻었으나 공자의 기미(驥尾)에 붙었기 때문에 그 행위가 더욱 뚜렷해진 것이다.

　어떤 인물이라도 대성인이 뒤를 받쳐 주지 않으면 후세에 그 명성을 떨칠 수 없다고 하는, 사기(史記)에 기록된 글이다.
　이처럼 「부기미」의 본 뜻은 '성인에게 인정을 받아야만 비로소 세상에 널리 알려진다'는 것이었으나, 지금은 '출세하려면 유명인사나 강자의 힘을 빌려야 한다'는 뜻으로 사용되기도 한다. 그래서 이런 격언도 생겨났나 보다.
　"후원을 얻는다는 것은 처세술의 전부다. 사람은 후원을 받지 않고서는 출세할 수 없기 때문이다."
　이러한 현상은 오늘날의 정치판에서 더욱 두드러지게 나타난다.

솥	가운데	어조사	고기
釜	中	之	魚
부	중	지	어

솥 안에 들어 있는 고기

부중어(釜中魚) : 솥 안에 든 물고기란 뜻으로, 자기 명대로 살지 못
하고 죽게 됨을 비유.
중부(中部) : 어떤 지역의 중앙이 되는 곳.
어물(魚物) : ① 물고기의 총칭. ② 말린 생선.

출전(出典) : 자치통감의 한기(漢記).

　후한 때 광릉군 태수로 임명된 장강(張綱)이 단신으로 도적떼의 근거지인 산채로 가서 산적 두목인 장영을 만나 사람의 도리에 대해 말하며 항복할 것을 권고하자, 장영은 장강의 용기와 인격과 열정에 고개를 숙이면서 말했다.
　"저희들의 신세는 역시 부중지어일 뿐입니다."
　그리고 나서 그는 만여 명의 산적들과 함께 투항해 왔다.
　여기서 유래된 것이 「부중지어」이다. 그 뜻은 장차 삶아질 것도 모르고 솥 안에서 겁없이 헤엄치고 있는 물고기와 같다는 것으로, '반근착절' 고사와 비슷한 점이 많다.
　「부중지어」같은 자들이 우리 주위에 수없이 널려 있음을 볼 때 안타까운 마음 금할 길이 없다.

붙을	답할	우레	한가지
附	和	雷	同
부	화	뇌	동

우레가 울리면 만물이 응하듯 타인의 말에 따르다

부화뇌동(附和雷同) : 주견(主見) 없이 무조건 남의 주장에 동조하는 일.
화동(和同) : 화합.
뇌동(雷同) : 천둥 소리가 울려퍼지듯 주견도 없이 남의 의견에 따라 덩달아 어울림.
동심(同心) : 같은 마음.

출전(出典) : 예기의 곡예편(上).

 타인의 말을 자기의 의견인 양 말하지 말고, 함부로 타인의 의견에 동조하지도 말며, 반드시 옛 성현의 행동을 모범으로 삼아 선왕의 가르침에 따라야 한다.

 예기의 곡예편(上)에 기록된 손윗사람에 대한 예절로, 「부화뇌동」에 대한 충고다. 여기서 '뇌동'이란 말은, 우레가 울리면 만물도 이에 따라 울리는 것처럼, 타인이 말하는 것을 듣고는 그것이 옳고 그름을 판단하지도 않고 함부로 '부화'한다는 뜻이다. '부화'란 말은 뒤에 첨가된 것이다. 다시 말해「부화뇌동」이란 곧 '뇌동'한다는 뜻으로, 오늘날의 정치인들에게 썩 어울리는 말이다.

분서갱유 (焚書坑儒)

불사를	글	구덩이	선비
焚	書	坑	儒
분	서	갱	유

책을 불사르고 유생들을 생매장시키다

분신(焚身) : 몸을 태움(분신자살).

서사(書史) : 경서와 역사서.

갱유(坑儒) : 진시황제가 그의 정치를 비판하는 유생 460여 명을 생매장한 일.

유생(儒生) : 유교학을 배우는 사람들.

출전(出典) : 사기의 진시황 본기.

　유생들에게 '악의 철학자'로 불리웠던 한비(韓非)의 사상과 이론으로 완전무장해 중국 최초로 천하통일이란 대업을 성취한 진시황제는, 그 후 자신을 비방하는 460여 명의 유생들을 잔혹하게 생매장시켰을 뿐만 아니라 '논어' 등 수많은 유교서적들을 모두 불태워 버렸는데, 이것이 바로 그 유명한 「분서갱유」사건이다. 그야말로 잔혹한 인명살상과 언론탄압이었던 것이다.
　이 사건의 망령은 중국 현대의 문을 연 위대한 조타수에 의해 되살아났다. "정권은 총구로부터 탄생된다"는 말에 따라 총구로 정권을 잡은 모택동이 자신의 권력을 계속 유지시키기 위해 공자를 격하시키고 진시황제를 미화시켰던 것이다. 그 사건의 요지는 다음과 같다.
　현대 중국을 크게 후퇴시켰던 문화 대혁명의 노도가 휩쓸고 지나갔던 1973년 8월 7일, 진시황제 우상화 작업의 첫 포문은 "공자는 노예제도를 완고히 옹호한 사상가"라는 비판이 인민일

분서갱유(焚書坑儒) 91

보에 실리면서 터졌다. 뒤이어 석륜이 진시황제의 통일을 추켜세우며, 「분서갱유」의 과격한 수단도 역사적으로 볼 때 정당하다는 글을 발표하면서 전국적으로 확산됐으며, 1975년 정월 초하루 상해 인민출판공사가 『시황제』를 출판하면서 시황제 만들기의 분위기는 최고조에 달했다.

　　진시황제가 불과 460여 명의 유생들을 생매장했다면 우리는
　　그러한 유생들을 4만 6천 명이라도 죽여야 할 것이다. 그들은
　　반혁명분자들이니까.

　이 말은 평소 모택동이 자신과 진시황제를 비교하면서 한 말이었다. 이런 점으로 볼 때 모택동은 현대판 진시황제라 말할 수 있다.
　그리고 우리나라의 정치사에도 이와 비슷한 사건들이 많다.

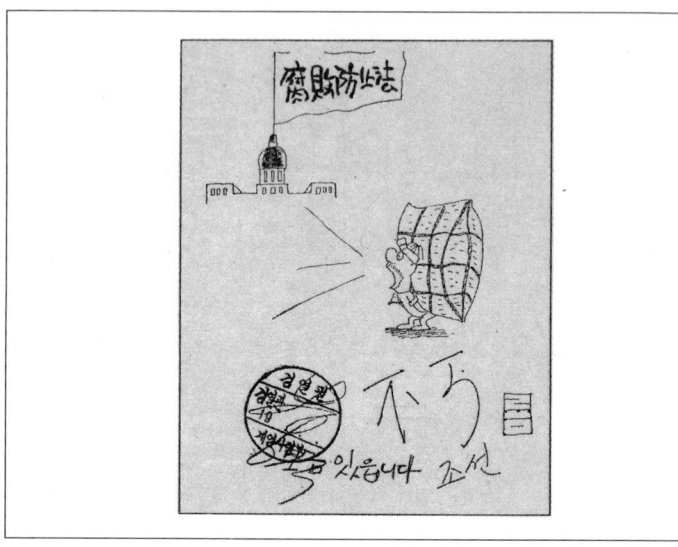

특히 제5공화국 만들기 시절에 발생했던 수많은 사건들이 그러하다.

　1980년 언론 통폐합 조치로 신문사 11개, 방송사 27개, 통신사 6개 등 44개의 언론사가 문을 닫거나 경영권을 신군부의 협박에 의해 빼앗겼던 것이다. 이것은 '분서갱유' 중 현대판 '갱유'에 해당하며, 5·17 광주 민주화 운동 탄압은 현대판 '분서'와 흡사하다는 것이다.

　결론적으로 말해, 모택동이 "정권은 총구로부터 탄생된다"라고 말했듯이, 신군부 핵심 인물들 역시 정권을 장악하기 위해 광주사태 탄압과 언론사 3분의 2를 학살했으므로 현대판 「분서갱유」와 비교해도 틀린 말은 아닐 것이다.

　위에서 소개한 신문만평은 그 당시 신군부의 검열로 인해 삭제되었던 것이다.

아니	함께	일	하늘	어조사	원수	원수
不	俱	戴	天	之	怨	讐
불	구	대	천	지	원	수

같은 하늘에서 더불어 살 수 없는 원수

불구대천(不俱戴天) : 같은 하늘에서 더불어 살 수 없음.
지(之) : ① 가다. ② 이, 그(대명사). ③ 어조사.
원수(怨讐) : 해를 입어 원한이 맺힌 대상.

출전(出典) : 예기의 곡예편(上).

　아버지의 원수하고는 같은 하늘에 살 수 없다. 고로 반드시 죽여야 한다. 또 형제의 원수가 있을 때는 집에 무기를 들고 올 여유가 없다. 항상 무기를 휴대하고 있다가 보는 즉시 죽여야 한다. 또한 친구의 원수는 나라를 같이 해 살 수 없으므로 역시 죽여야 한다.

　원한에 사무친 이 끔찍한 말은 예의범절의 참고서라 할 만한 「예기」에 나오는 말이다. 그러나 이 말은 당시의 풍속 습관을 말한 것이므로 현대인들은 허심탄회하게 받아들이는 게 좋을 것이다.
　그리고 이 복수론보다 "원한을 덕으로써 갚으라"는 노자(老子)의 말과, "사람은 악한 일을 저질러서는 안 되며, 악을 악으로 갚아서도 안 된다"는 소크라테스의 명언을 따름이 옳을 것이다. 복수는 꼬리에 꼬리를 물어 끝이 없기 때문이다.

아니	물을	말
不	問	馬
불	문	마

말(馬)에 대해서는 묻지 않으셨다

불문(不問) : 묻지 아니함.
마부(馬夫) : 말을 먹이고 부리는 사람.

출전(出典) : 논어의 향당편.

96 고사성어 대백과

 마구간이 불에 타자 공자께서는 조정에서 퇴근하신 다음 왈(曰), "사람은 상(傷)하지 않았느냐" 하시고 말(馬)에 대해서는 묻지 않으셨다.

 논어 향당편에 나오는 「불문마」의 유래다. 공자님의 행동에는 역시 보통 사람의 상식을 초월하는 성인(聖人)다움이 서려 있다.
 우리 주위에는 재난을 당했을 때 사람의 안전보다 재산을 우선적으로 걱정하는 사람들이 많다. 고로 이 장은 바로 이런 사람들에게 좋은 교훈이 될 것이다.
 1995년 4월 28일 아침에 터졌던 대구 지하철 가스폭발 때 어떤 정치인들은 사람의 안전 이상 여부보다 자기 구역의 표 떨어지는 소리에 더욱 신경을 썼다 한다. 참으로 한심한 일이 아닐 수 없다.

아니	죽을	약
不	死	藥
불	사	약

영원히 죽지 않는 약

불사약(不死藥) : 먹으면 영원히 죽지 않는다는 상상의 약. 일명 불로
　　　　　　　초(不老草)라고도 함.
사약(死藥) : 먹으면 죽는 독약.
약용(藥用) : 약으로 사용함.

출전(出典) : 한비자의 설림상편. 사략(史略).

98 고사성어 대백과

 어떤 사람이 내시(內侍)에게 불사약을 주며 초나라 왕에게 헌상하라고 하자, 내시가 그것을 받아들고 왕에게 전해 주기 위해 궁궐문을 지나고 있을 때였다.
 "그거 먹을 수 있는 거요?"
 궁궐지기의 물음에 내시가 그렇다고 대답하자 궁궐지기는 잽싸게 그것을 빼앗아 먹어 버렸다.
 내시로부터 이러한 사실을 보고받은 초왕은 노발대발하며 궁궐지기를 죽이라고 명령했다.
 그러나 이때 궁궐지기의 대답이 걸작이었다.
 "왕께서 저를 죽이시오면 불사약은 그 효력도 나타내지 못하고 사약이 될 것이옵니다. 불사약이 가짜인지 진짜인지를 시험해 보기 위해 제가 먼저 먹어 보았을 뿐이옵니다."
 이 세상에 불사약은 절대로 없다는 것을 한비자다운 일화로 꼬집은 것이다.

털	수염	티끌
拂	鬚	塵
불	수	진

수염의 먼지를 털어 주다

불의(拂衣) : ① 옷자락을 주워올림. ② 옷의 먼지를 털다.
수염(鬚髥) : 턱수염과 구레나룻.
진토(塵土) : 먼지와 흙.

출전(出典) : 송사(宋史)의 구준전.

　송나라의 재상이며 정의파로 명성을 날린 구준(寇準)이 어느 날 회식 자리에서 국을 먹다가 실수로 수염에 국찌꺼기를 묻혔다. 그러자 구준이 기용한 정위(丁謂)가 얼른 그에게로 다가와 국찌꺼기를 털어 주었다. 이에 구준이 그의 아부를 꾸짖으며 한 마디 했다.
　"일국의 중신이 상관의 수염을 털어 줄 것까지야 없지 않은가?"
　자기보다 나은 사람에게 아부하는 자가 자기보다 못한 사람을 지나치게 두둔한다고 해서 그 사람을 정당한 사람이라고 판단해서는 안 된다. 그 이유인즉 이런 사람은 흔히 자기보다 나은 사람을 시기하기 쉽기 때문이다.
　경행록(景行錄)의 교훈과 이 장의 교훈처럼 우리는 아부를 하지도 말고 받지도 말자.

※ 경행록 : 송(宋)나라 때의 책 이름.

불입호혈부득호자(不入虎穴不得虎子)　101

아니	들	범	굴	아닐	얻을	범	아들
不	入	虎	穴	不	得	虎	子
불	입	호	혈	부	득	호	자

호랑이 굴에 들어가야
호랑이 새끼를 얻을 수 있다

불가불(不可不) : 어쩔 수 없이. 부득불(不得不).
입문(入門) : ① 문으로 들어감. ② 스승의 문인(門人).
호혈(虎穴) : 범의 굴. 몹시 위험한 곳을 비유.
부득불(不得不) : 불가불(不可不).
득달(得達) : 목적한 곳에 다다름.
호자(虎子) : 호랑이 새끼.

출전(出典) : 후한서의 반초전.

　후한(後漢) 초, 서역에서 명성을 떨친 반초(班超)가 36명의 장수들을 이끌고 서쪽 선선국에 사자로 갔을 때의 일이다. 이들을 맞은 선선왕은 처음엔 그들을 후대했으나, 북쪽 오랑캐의 사자들이 오면서부터(그들을 두려워하고 있었던 터라) 반초 일행을 냉대하기 시작했다.
　그러자 반초는 오랑캐 사신이 머물고 있는 곳을 은밀히 알아낸 후 부하들에게 단호하게 말했다.
　"호랑이 굴에 들어가야 호랑이 새끼를 얻을 수 있다."
　그리고 나서 그들은 그날 밤 오랑캐 숙소를 공격해 적을 모조리 죽여 버렸다.
　이 사실을 보고받은 우유부단한 선선국 왕이 다시 반초 일행을 두려워하고 한나라를 따랐음은 물론이다.
　이 고사는, 큰일을 도모하려면 그만큼 큰 모험도 감수해야 한다는 사실을 후세인들에게 일깨워 준 것이다.

불입호혈부득호자(不入虎穴不得虎子) 103

다음의 한 예가 이 사실을 증명해 준다.

문민정부 탄생의 기수 YS가 야당 총재로 있을 때였다.

"국민들이 물태우라고 불러도 민주화를 위해서라면 어쩔 수 없다"던 노태우 전(前) 대통령의 밀사가 은밀히 YS를 찾아와 3당 합당을 제의하자 YS는 무척 당황했다. 이때 YS의 밀사 겸 책사인 황의원이, "호랑이한테 잡아먹히지 않을 자신만 있다면, 호랑이 굴로 들어가야 호랑이를 잡을 수 있습니다"라며 3당 합당을 적극 추진했다 한다. 그의 주장인즉, 이렇게 4당 체제(민정당, YS당, DJ당, JP당)로 계속 간다면 대권을 잡기가 힘들게 되므로, 차기 대권을 잡기 위해서라도 '여당으로의 대변신'이라는 대도박을 벌이자는 것이었다. 그 후 YS는 이에 따라 합당을 했고, 끈질기게 대통령을 물고 늘어져서 대권주자를 얻었으며, 그 기세에 힘입어 대통령에 당선됐다고 볼 수 있다.

아니	닮을
不	肖
불	초

닮지 않았다

불초(不肖) : 부모님의 덕망을 닮지 않아 어리석은 사람이라는 뜻이며,
자기를 낮추는 말로도 쓰임.
초상(肖像) : 그림과 사진 등에 나타낸 사람의 얼굴이나 모습.

출전(出典) : 맹자의 만장편(上).

불초(不肖)   105

요(堯)임금의 아들 단주(丹朱)도 불초(不肖)했고 순(舜)임금의 아들 역시 불초했다.

맹자 만장편(上)에 나오는 「불초」에 대한 정의다. 아무리 친자식이라도 「불초」한 자식에게는 왕의 자리를 넘겨 주지 않았다는 것이 이 장의 본뜻이다. 물론, 요와 순임금 같은 어진 임금의 경우다. 친자식이라는 이유 하나만으로 「불초」한 자식에게 왕위를 물려주었다가 자신의 명성에 똥칠을 당한 임금과는 대조를 이룬다.

현대도 이와 비슷한 경우를 많이 볼 수 있다. 자기 아버지가 평생토록 피와 땀으로 일궈놓은 기업체를 「불초」한 자식이 일순간에 말아먹는 경우가 그러하다.

그런데 이 장의 「불초」가 곧 불효(不孝)를 의미하건만, 요즘 사람들은 간혹 자기를 낮추는 뜻에서 불효자를 자처하는 경우도 있다. "불초소생이……"가 바로 그것이다.

아니	미혹할
不	惑
불	혹

미혹(迷惑)되지 않다

불혹(不惑) : ① 미혹되지 않음. ② 40세를 일컬음.
혹세(惑世) : 세상을 현혹시킴.

출전(出典) : 논어의 위정편.

불혹(不惑)   107

나는 15세에 학문에 뜻을 두었고
30세에 자립했으며
40세에는 미혹되지 않았고
50세에는 천명을 알았으며
60세에는 귀로 듣고 이해할 수 있었고
70세에는 내 마음대로 해도 법도에 어긋남이 없었다.

 공자의 자서전이라고도 할 수 있는 유명한 이 말에서 「불혹」이 유래되었으며, 이 40세의 「불혹」은 인생의 분수령으로서 매우 중요한 때다. 그래서 링컨 또한 "40세가 넘은 사람은 자신의 얼굴에 책임을 져야 한다"고 말했던 것이다.

붕새	법	일만	마을
鵬	程	萬	里
붕	정	만	리

붕새가 날아간 길은 만 리가 된다

붕정(鵬程) : ① 붕새가 날아간 길이란 뜻으로서 머나먼 길을 이름. ② 붕새란 전설적인 새 중에서 가장 커, 날개 길이가 3천 리이며 한 번 치면 9만 리를 난다고 함. ③ 대인의 행실.
만리(萬里) : ① 천 리의 열갑절. ② 매우 먼 거리.

출전(出典) : 장자의 소요유편.

붕정만리(鵬程萬里) 109

　세상 불가사의에 대해 잘 아는 사람의 말에 의하면, 붕새가 남해로 건너갈 때는 바닷물에 날개짓을 3천 리, 회오리 바람을 타고 하늘로 솟구쳐 오르기 9만 리로써 6개월 동안 계속 날은 다음에야 비로소 그 날개를 접고 쉬었다고 한다.

　장자는 이렇게 이 붕새의 존재를 인용해 인간사회의 상식적인 굴레에서 벗어나 정신적 자유세계를 포용할 줄 아는 위대한 사람의 존재를 알리고자 했다.
　그런가 하면 장자는 이 위대한 존재와 비교해 상식의 세계에서 만족하고 얕은 지혜를 자랑하는 소인들의 무리에 대해 이렇게 꼬집기도 했다.

　9만 리를 나는 대붕을 보고 작은 물새들은 '저 붕이란 놈은 도대체 어디까지 날아갈 셈이야? 아무리 그래봤자 날아다니며 기분을 내기는 피차 마찬가지일 텐데' 하고 조잘거리면서 오히

려 붕새를 비웃었다. 이거야말로 웃기는 일이다. 소인이 대인의 위대한 뜻을 알 수 없듯이 붕새와 아주 작은 물새들이 똑같을 수야 없겠지.

　이렇게 빈정댄 장자의 문장을 바탕으로 여러 가지 숙어가 생겨나기도 했다. '붕곤(鵬鯤)' 또는 '곤붕(鯤鵬)'이라는 말은 상상을 초월한 사물을 비유한 것이며, '붕배(鵬背)·붕익(鵬翼)' 하면 역시 거대한 것을 뜻하는데, 특히 붕익은 거대한 항공기를 뜻하기도 한다.
　그런가 하면 '붕박(鵬博 : 붕의 날개짓)·붕비(鵬飛)·붕거(鵬擧)'는 크게 분발해 큰일을 이룩하려는 것을 비유한 것이며, 또한 '붕도(鵬圖)·붕정(鵬程)'은 보통사람들로서 생각조차 할 수 없는 원대한 사업계획을 비유한 말이다.
　그런 의미에서 우리도 「붕정만리」의 뜻에 따르는 게 어떨지?

헐뜯을	헐뜯을	어조사	나무
誹	謗	之	木
비	방	지	목

비방하는 나무

비방(誹謗) : 남을 헐뜯어 말함.
지(之) : ① 가다. ② 이, 그(대명사). ③ 어조사.
목판(木版) : 나무에 글과 그림을 새겨 인쇄용으로 쓰는 판.

출전(出典) : 사기의 효문제기.

　신화적인 인물로서 지금까지도 어진 임금의 대표적인 모델로 추앙받고 있는 요(堯)임금이 이상적인 정치를 행해 천하 백성들로부터 찬사받고 있었을 때의 일이다.

　어느 날 그는 혹시 자신이 베푸는 정치에 잘못이 있지 않을까 하는 생각에 궁문 입구에 감간지고(敢諫之鼓)라는 이름의 큰 북을 설치해 누구를 막론하고 정치에 잘못이 있으면 그 북을 울려 의견을 말하도록 했으며, 또 한편으로는 궁궐문 앞 다리목에 네 개의 나무로 엮은 기둥을 세워「비방지목」이라 칭하고 누구든지 정치에 불만이 있는 자는 그 기둥에다 불평불만을 적어 표시하라고 했다. 이것은 그야말로 오늘날 대학가의 대자보와도 같았던 것이다.

　요임금은 이렇게 민의의 소재와 동향을 파악해 반성의 자료로 삼아 정치에 심혈을 기울였기 때문에 후세인들에게 아직까지도 추앙을 받고 있는 것이다.

그런 의미에서, 1994년에 벌어졌던 악몽(성수대교 붕괴 대참사, 엄보현 살인 사건, 지존파 사건, 인천 세금비리 사건)을 풍자한 당시 이화여대 사범대의 대자보를 소개해 보겠다. 제목은 '나라가 무너졌네'다.

엄마, 학교 다녀오겠습니다.
○○번 버스는 타지 마라. 한남대교도 위험하니까.
그럼 지하철을 타고 갈게요.
안 돼! 당산철교도 위험해서 시속 15km로 달린대.
(성수대교 붕괴 대참사)

엄마, 택시 타고 갈게요.
안 돼! 겁도 없이 애가. (살인마 엄보현 때문)
그럼 걸어갈게요.
그것도 안 돼! 지존파가 길 가는 사람을 납치해다가

살인 실습을 한 것도 모르니? (지존파 사건)

학교는 가지 말고 그 대신 은행에 가 세금이나 내거라.
엄마는 참, 세금 내서 어느 공무원 배 채워 주려구요.
(인천 공무원 세금비리 사건)

이어 대자보는 "문민정부 이후 무고한 줄초상과 공무원 비리가 잇따라도 YS네는 소 잃고 외양간도 못 고쳤네"라고 비꼰 후, 끝으로 "YS네가 가진 자들과 한 배에서 태어났기 때문에 해결책이 없다"고 결론 내리면서 "우리가 이 땅의 주인임을 깨닫고 주인으로 자리잡자"고 다짐하고 있었다.

넓적다리	고기	어조사	한숨쉴
脾	肉	之	嘆
비	육	지	탄

넓적다리의 군살 때문에 한숨쉬다

비육(脾肉) : 넓적다리에 붙은 군살.
육신(肉身) : 사람의 몸. 육체.
지(之) : ① 가다. ② 이, 그(대명사). ③ 어조사.
탄(嘆) : 탄식(歎息). 한숨을 쉬며 한탄.

출전(出典) : 삼국지의 촉지.

　삼국지의 명스타 유비는, 초반전에는 '도원결의'로 기세가 등등한 듯했으나 중반전쯤에서는 유표의 식객으로 세월만 까먹고 있었다. 그러던 어느 날, 유표와 함께 술을 마시다가 잠깐 화장실에 갔다 온 그는 한숨을 쉬며 눈물을 글썽거렸다.
　이를 본 유표가 그 이유를 묻자 유비가 말했다.
　"이제까지 나는 늘 말안장에 앉아 말을 타고 달려서 넓적다리에 군살이 찔 겨를이 없었으나, 지금은 너무 오랫동안 말안장을 멀리해 군살이 붙었습니다. 이렇게 세월만 까먹고 앉아 있으면 언제 내 뜻을 펼칠 수 있을는지 답답할 뿐입니다."
　이 유비의 한탄에서 「비육지탄」이란 말이 유래되었다.
　유비가 「비육지탄」을 하며 큰 뜻을 펼쳤듯이 우리 현대판 유비들도 이 장을 거울 삼아 일어서길 바란다.

비입화하충(飛入火夏蟲)

날	들	불	여름	벌레
飛	入	火	夏	蟲
비	입	화	하	충

날아와 불로 뛰어드는 여름 벌레

비화(飛火) : ① 튀어 박히는 불똥. ② 직접 관계가 없는 장소나 사람에게까지 영향이 미침.
입하(入荷) : 물건이 들어옴.
화기(火氣) : 불의 뜨거운 기운.
하절(夏節) : ① 여름철. 하계(夏季). ② 단오절.
하충(夏蟲) : 여름 벌레.

출전(出典) : 양서(梁書)의 도개전.

'노익장' 도개(到漑)의 손자 신(藎)은 매우 총명해 고조(高祖)로부터 총애를 받고 있었다.

어느 날 신이 고조의 명에 따라 즉석에서 시 한 수를 지어 올리자 고조는 그 시를 보고 나서 곁에 있던 도개에게 "자네의 손자는 굉장한 수재야" 하고 칭찬하며 다음과 같은 문장을 하사했다.

벼루에 먹을 갈아 글을 전하고 붓은 털로 편지를 쓰지만, 날아와 불로 뛰어드는 여름 벌레처럼 노년에는 반드시 그것이 찾아온다. 고로 그것을 손자인 신에게 돌려주어야 마땅할 것이다.

즉 도개도 이젠 늙어서 아무리 애써 시를 짓는다 하더라도 손자에게는 못미치므로 귀여운 손자에게 명예를 물려주라는 뜻이다. 이 장의 뜻처럼 우리 주위의 '노익장'들도 그 명예를 후계자들에게 물려주는 게 좋으련만······.

암컷	닭	어조사	새벽
牝	鷄	之	晨
빈	계	지	신

암탉이 울어 새벽을 알리다

빈계(牝鷄) : 암탉.
지(之) : ① 가다. ② 이, 그(대명사). ③ 어조사.
신(晨) : ① 새벽. ② 닭이 울다(새벽을 알림).

출전(出典) : 서경의 목서편.

옛 사람이 이르기를, 암탉은 새벽에 울지 않기 때문에 암탉이 새벽에 울면 집안이 망한다고 한 것이다.

이것은 주(周)나라의 무왕(武王)이 폭군인 은나라의 주왕(紂王)을 가리키며 한 말이다. 이 주왕이 폭군으로 악명을 떨치게 된 원인은 달기(妲己)라는 미인을 지나치게 총애했기 때문이다. 주왕은 달기의 환심을 사기 위해 호화 궁궐을 짓고 '망국지음', '주지육림'에 빠져 허우적거리다가 원망하는 백성들을 등에 업은 무왕에 의해 망했기 때문에 이 말이 서경의 목서편에 기록되면서 유래된 것이다.

이 고사는 우리나라 속담과도 일맥상통하나 남녀 평등시대인 오늘날에는 그 현실감이 많이 퇴색된 상태다.

가난할	놈	한	등불
貧	者	一	燈
빈	자	일	등

가난한 사람이 밝힌 하나의 등불

빈자(貧者) : 가난한 사람.
일등(一燈) : 하나의 등불.
등화(燈火) : 등불.

출전(出典) : 현우경의 번여난타품.

　석가세존이 사위국(舍衛國)의 어느 정사(精舍)에 머물고 있었을 때 생긴 일이다.
　석가가 머물고 있는 그 마을에 난타(難陀)라는 거지 여인이 있었는데, 그녀는 왕을 비롯해 많은 사람들이 석가에게 각자의 신분에 맞게 공양하는 것을 보고 "나는 전생에 범한 죄로 인해 가난하고 천한 몸으로 태어났기 때문에 아무것도 공양할 것이 없구나" 하면서 매우 슬퍼했다.
　그러나 그녀는 포기하지 않고 온종일 구걸한 끝에 돈 한 푼을 구해 가지고 기름집으로 갔다. 그리고 그녀는 기름집 주인에게 자신의 간절한 심정을 털어놓았는데, 그녀의 정성에 감동한 주인은 돈 한 푼을 받고 그 몇 배 값이 되는 기름을 주었다.
　이에 그녀는 오랜만에 기쁜 마음으로 등불을 정성스럽게 만들어 석가에게 공양했다. 이렇게 해서 공양한 그녀의 등불은 다른 사람들의 등불보다 유난히 밝게 빛났을 뿐만 아니라, 밤이 지나

비자일등 *(貧者一燈)* 123

면서 다른 등불은 모두 꺼졌지만 그녀의 등불만은 꺼지지 않고 계속 밝게 빛났다.

그 후 이 소문을 들은 석가는 그녀의 정성에 감복해 그녀를 비구니(比丘尼)로 받아들였다는 설화다.

여기서 「빈자일등」이란 말이 유래되었으며, 그 후 가난하지만 성심껏 보시(布施)하는 자세를 지닌 사람을 비유해 이 말이 자주 인용됐다. 그런 뜻에서 불타(佛陀)의 다음과 같은 말을 되새겨 음미해 보자.

　　스스로를 종교(宗敎)에 바치고 있는 사람은 어두운 집안에 등
　　불을 들고 들어가는 사람과 같다.

※ 비구니 : 머리를 깎은 여자 중.

얼음	숯	아니	서로	받아들일
氷	炭	不	相	容
빙	탄	불	상	용

얼음과 숯은 서로 용납하지 못한다

빙탄(氷炭) : 얼음과 숯.
불상용(不相容) : 서로 용납하지 못하는 것.
상극(相剋) : 서로 화합하지 못하고 늘 충돌함.
용납(容納) : 남의 요청과 주장을 받아들임.

출전(出典) : 사기의 골계전.

빙탄불상용(氷炭不相容)   125

얼음과 숯이 서로 용납할 수 없듯이 본래 나의 목숨이 길지 못했음을 알았노라.

이 말은 한무제(漢武帝) 때의 명신이었던 동방삭(東方朔)이 초나라의 천재적 시인이며 정치가인 굴원(屈原)을 추모하면서 지은 시 '칠간(七諫)'의 내용 중 일부다. 이 시의 요점은 다음과 같다.
  충신이었던 굴원과 굴원을 모함하는 간신들과의 관계는 얼음과 숯이 서로 용납하지 못하는 것과 같은 운명적인 관계이며, 결국 이 「빙탄불상용」의 이치에 따라 간신의 모함에 빠진 굴원이 멱나강에 빠져 자살한 것을 안타깝게 생각한다는 것이다.
  고로 독자들의 모델은 굴원인 셈이다.

사로 시작되는 고사성어

※ 본문의 ★표는 교육부가 선정한 필수 고사성어임.

죽을	구멍	밝을	달릴	날	버금	달할
死	孔	明	走	生	仲	達
사	공	명	주	생	중	달

죽은 제갈공명이 산 중달을 달아나게 한다

사공명(死孔明) : 죽은 제갈공명(유비의 명참모).
주력(走力) : 달리는 힘. 또는 그 능력.
생자(生者) : 살아 있는 사람.
중달(仲達) : 조조의 명참모. 제갈공명의 호적수.

출전(出典) : 삼국지. 십팔사략.

　삼국지에 등장하는 명참모의 우상격인 제갈공명이 병으로 오장원에서 죽자 촉나라 군대는 철수할 수밖에 없었으며, 이 소식을 접한 사마중달은 이 기회야말로 촉나라를 멸망시킬 수 있는 절호의 찬스로 보고 대군을 휘몰아 촉군의 추격에 총력을 기울였다.
　그러나 이때, 철수하던 촉군이 갑자기 추격군을 향해 북을 울리면서 반격태세를 갖추는 것이 아닌가! 사마중달은 깜짝 놀랐다. 그는 죽은 공명에게 허를 찔렸다고 생각했다. 전술상, 사기가 죽은 철수병들을 추격하는 입장에서는 매우 유리하나, 반대로 후퇴를 포기하고 사생결단으로 반격해 온다면 추격군이 오히려 큰 타격을 입을지도 모른다는 병법의 기본상식을 사마중달은 잘 알고 있었기 때문이다.
　그래서 사마중달은 그 즉시로 추격을 멈추고 군사를 철수시켜 촉군과의 정면대결을 피했다.

사공명주생중달(死孔明走生仲達)　131

　촉군이 완전히 철수하자 사마중달은 촉군이 포진했던 진영을 둘러보고 그 포진이 기가 막힐 정도로 잘 짜여져 있음에 크게 놀라면서, "과연 제갈공명은 천에 둘도 없는 기재(奇才)로다" 하며 칭찬을 아끼지 않았다.
　이 일로 사람들이, "죽은 제갈공명이 살아 있는 사마중달을 달아나게 했다"고 수군거리자 사마중달은, "산 사람이 하는 일이야 잘 알 수 있지만 죽은 사람이 하는 일을 어찌 알 수 있겠나" 하면서 멋쩍게 웃음을 지었다 한다.

죽을	말	뼈	다섯	일백	금
死	馬	骨	五	百	金
사	마	골	오	백	금

죽은 말뼈를 오백 금에 사다

사마골(死馬骨) : 죽은 말뼈.

오행(五行) : 서로 끊임없이 순환해 만물을 낳고 기르고 소멸시 킨다는 金·木·水·火·土의 다섯 가지 원소(음양오행설).

백(百) : ① 일백 백. ② 여기서는 일백이지만, 옛부터 중국에선 백(百)을 여러 가지 뜻으로 보았기 때문에 이런 숙어가 대단히 많다. 백(百) 자(字) 고사성어를 참고하면 이해가 빠를 것이다.

금괴(金塊) : 순금 덩어리.

출전(出典) : 전국책의 연책(燕策).

사마골오백금(死馬骨五百金)

 연(燕)나라의 소왕이 인재들을 모아 제나라에 원수를 갚으려고 스승에게 인재들을 부탁하자 스승은 이렇게 말했다.
 "옛날에 어떤 임금이 관리에게 천리마를 구해 오라고 명했지요. 그러자 그 관리는 얼마 후에 죽은 천리마 머리를 5백 금이나 주고 사 왔습니다. 이에 임금이 화를 내며 꾸짖자 그 관리는 임금에게, '죽은 천리마를 5백 금이나 주고 사 갔다는 소문을 살아 있는 천리마를 가지고 있는 주인이 듣게 된다면 어떻게 되겠사옵니까? 그는 곧 자기의 천리마는 살아 있으니 그보다 훨씬 더 후한 값을 받을 수 있다고 생각하지 않겠사옵니까? 머지 않아 나타날 것이오니 너무 심려치 마옵소서!' 하며 안심을 시켰습니다. 그런 지 며칠 후에 과연 그의 말대로 살아 있는 천리마를 가지고 있는 자가 나타나 그 임금은 천리마를 구할 수 있었다고 합니다. 그러므로 소왕께서도 먼저 저를 5백 금으로 사십시오. 그럼 곧 살아 있는 천리마 같은 인재들이 소왕 곁으로

몰려들 것입니다."

 이에 소왕이 그의 말대로 하자 과연 소왕에게 수많은 인재들이 몰려들었고, 소왕은 인재들의 책략에 힘입어 마침내 제나라를 초토화시키면서 숙원이었던 원수를 갚을 수 있었다 한다.
 이 고사에서 보았듯이 쓸 만한 인재를 구하는 방법에도 여러 가지가 있다. 그런 뜻에서 철강 왕 카네기가 보는 인재 자질 기준과 그 에피소드를 들어 보자.
 어느 날 그가 직접 신입사원 면접을 보면서 여러 갈래의 끈으로 묶어 놓은 상자 하나를 가리키며 그것을 풀도록 했다. 그러자 한 청년은 끈의 매듭을 풀기 위해 끙끙거렸고, 다른 청년은 끈을 옆으로 밀어내려고 애를 썼다. 그런데 이때 또 다른 청년은 가위로 간단하게 그 끈을 절단해 버리는 것이었다.
 이때 카네기는 꼼꼼한 사람과 일을 적당히 해결하는 사람보다는 과감하게 추진하는 사람을 택했다 한다.

사면초가(四面楚歌)

넉	방향	초나라	노래
四	面	楚	歌
사	면	초	가

사방에서 초나라 노랫소리가 들려오다

사면초가(四面楚歌) : 도움을 청할 만한 길이 모두 끊겨 혼자 고립된 처지를 말함.

면(面) : ① 낯. 얼굴. ② 앞. ③ 겉. 표면. ④ 쪽. 방향.

초가(楚歌) : 초나라 노래.

출전(出典) : 사기의 항우본기.

　'건곤일척'의 결과가 유방에게 유리하게 되면서부터 전의를 상실하게 된 항우 군대는 진평의 계략과 대장군 한신이 지휘하는 군대에 의해 해하란 곳에서 이중삼중으로 포위를 당했다.
　그런 데다 밤이 되면서부터는 장량의 계책에 따라 사방면에서 불러 대는 초나라의 노랫소리가 구슬프게 들려오니, 초나라 군사들은 향수에 젖어 완전히 군기가 꺾이면서 하나 둘씩 자기 고향을 향해 달아나기 시작했다. 그러자 항우는 당황하면서 중얼거렸다.
　"한군이 벌써 초나라를 점령했단 말인가? 왜 이다지도 초나라 사람이 많은가……."
　그리고는 힘없이 장막 안으로 들어가, 자기가 항상 타고 다녔던 천리마 추(騅)와 사랑하는 우미인(虞美人)과의 결별을 위해 스스로 시 한 수를 지어 노래를 불렀다.

사면초가(四面楚歌) 137

힘은 산을 뽑고 기(氣)가 세상을 덮어도
때가 불리하니 추 또한 움직이지 않네.
추도 가지 않으려고 하는데 어찌하리.
우(우미인)야, 우야, 너를 어찌해야 할까?

그러자 우미인도 이별의 슬픔이 가득 담긴 다음과 같은 노래를 부른 다음 스스로 목을 찔러 자결하고 말았다.

한나라 군대가 이미 땅을 차지했고
들리는 건 사면초가뿐.
대왕의 운이 다했거늘
천한 첩이 어찌 살기를 바라겠는가.

그리고 항우 역시 이튿날 오강에서 자결해 우미인의 곁으로 갔다. 그는 「사면초가」를 듣고 고향이 그리워 오강(烏江)까지 탈

출했으나 패군지장 꼴로 고향에 돌아가는 것이 부끄러워 자결을 했던 것이다.

「사면초가」는 여기서 유래된 것이며, 이것은 동서고금을 막론하고 전쟁중에는 기본적으로 이용되는 P.R 테크닉과도 같은 것이다. 전투에 지친 병사들에게 망향가를 틀어 주어 군기를 해이하게 만든 후 투항을 유도하는 이 전법의 효과는 그야말로 매우 크다.

또한 이런 수법은 현대의 심리학과도 통해, 우리 주위에서 흔히 볼 수 있는 광고와 닮은 데가 많다. 기묘한 CM송으로 소비자들을 유혹하는 TV 매체나 소리 없는 신문 광고의 캐치프레이즈가 그것이다.

사반공배 (事半功倍)

일	반	공	곱
事	半	功	倍
사	반	공	배

일은 반만 하면서
공은 배로 세우다

사업(事業) : ① 일. ② 일정한 목적과 계획을 가지고 경영되는 지속적인 경제적 활동(기업, 실업).

반가(半價) : 절반 값.

공리(功利) : ① 공적과 이익. ② 영달과 이득.

배가(倍加) : ① 갑절을 더함. ② 점점 더함.

출전(出典) : 맹자의 공손추(上).

　공자 왈(曰), 덕이 유행하는 것은 역마(驛馬)를 타고 명령을 전달하는 것보다 빠르다고 하셨듯이, 지금 같은 때 만승의 나라에서 인정을 베풀면 백성들의 기쁨은 마치 거꾸로 매달려 있다가 풀려난 것 같은 기분이 들 것이다. 고로 옛사람들이 반만 일하고도 그 공이 배가되는 것은 그것 때문이다.

　이 말의 핵심은 「사반공배」이며, 「사반공배」의 결과는 덕행(德行)에 있다. 그럼 이 장의 결론을 플레쳐의 명언에서 찾아보기로 하자.

　당신이 가난하거든 덕행(德行)에 의해 그 이름을 얻으라. 그리고 만약 당신이 부유하다면 자선을 베풀어 그 이름을 얻으라.

※ 플레쳐(1579〜1625) : 영국의 극작가.

사분오열(四分五裂) 141

넉	나눌	다섯	찢어질
四	分	五	裂
사	분	오	열

4로 나누어지고 5로 분열되다

사분오열(四分五裂) : 여러 갈래로 어지럽게 분열됨.
분기(分岐) : 몇 갈래로 나누어짐. 또는 그 갈래.
오열(五裂) : 5로 분열되다.
열상(裂傷) : 찢기어 난 상처.

출전(出典) : 전국책의 위책.

　높은 산이나 요충지가 없는 위나라는 지형상 전쟁터와 같습니다. 만약 대왕께서 제나라와 연합하지 않으면 제나라가 동쪽을 공격할 것이며, 조나라와 연합하지 않으면 조나라가 북쪽을 공격할 것이고, 한나라와 연합하지 않으면 한나라가 서쪽을 공격할 것이며, 초나라와 연합하지 않으면 초나라가 남쪽을 공격할 것입니다. 이것을 보고 사분오열(四分五裂)의 도(道)라고 합니다.

　이것은 '계구우후'(1권 97페이지 참조)로 유명한 소진이 위나라 왕에게 합종(合縱)의 필요성에 대해 설명한 것으로, 여기서「사분오열」이란 말이 유래되었다. 이 말은 세력이나 파워가 사방으로 흩어져 힘을 쓸 수 없는 경우에도 사용되는데, 공산주의의 종주국이었던 거대한 구소련이「사분오열」로 붕괴된 것과 정치판의「사분오열」이 그 좋은 예다.

사마	아니	미칠	혀
駟	不	及	舌
사	불	급	설

네 마리 말이 끄는 수레도 혀에는 미치지 못한다

사(駟) : 사마. 한 수레에 매단 네 마리의 말 또는 그 수레.

불급(不及) : 미치지 아니함.

급기야(及其也) : 필경에는.

설화(舌禍) : ① 자기가 한 말이 화근이 되어 받는 재앙.
② 남의 구설에 오르는 재앙.

출전(出典) : 논어의 안연편.

극자성(위나라 대부)이 자공에게 물었다.
"군자는 그 바탕만 세우면 되지 왜 문(文)이 필요한지요?"
그러자 자공이 혀를 차며 대답했다.
"애석하군요. 그렇게 군자를 평한 그대의 실언은 사불급설입니다. 문(文)이 질(質)과 같고 질이 문과 같으면, 그것은 마치 털 뽑은 호랑이 가죽과 표범 가죽을 털이 없는 개 가죽이나 양 가죽과 똑같은 것으로 보는 것과 같은 이치지요."
공자의 제자 자공은 여기서(논어) 바탕만 존중하겠다는 극자성의 말에 대해 실언(失言)이라고 충고했다. 따라서 이 장의 충고는 일본인들의 망언(妄言)과도 연결된다.
1953년 구보타가 "조선을 식민통치한 것은 은혜를 베푼 결과"라고 망언한 것을 비롯해, 나카노라 법무상이 "대동아 전쟁은 백인으로부터의 해방전쟁이므로 침략이 아니라 진출이다. 남경(南京) 대학살은 꾸며낸 말이다"라고 말했다가 법무상직에서 밀

사불급설(駟不及舌) 145

러나게 되었고, 또 사쿠라이 환경청 장관은, "일본만 나빴느냐? 전쟁의 결과로 인해 아시아의 교육열이 높아졌다"라는 망언을 했었다. 그의 변명인즉, 일본만 식민지를 통치하고 침략과 학살·겁탈·유린을 했느냐는 것이며, 인권이나 민주주의 원칙을 위반한 것은 오히려 히로시마에 원자폭탄을 떨어뜨린 미국이라는 것이다. 그야말로 저변에 깔린 근원이 뭔지도 모르고 자기들의 입장만 내세우는 '사쿠라' 정치인들임에 틀림없다.

개인	사모할
私	淑
사	숙

자기 스스로 사모하다

사숙(私淑) : 직접 가르침은 없어도 마음으로 그 덕을 사모하거나 스승으로 삼는 일.

숙(淑) : ① 여인의 선량한 미덕. ② 맑음. ③ 사모함. ④ 아름다움. 숙녀(淑女).

출전(出典) : 맹자의 이루편(下).

사숙(私淑)   147

　맹자 왈(曰), 군자가 끼친 은혜나 소인이 끼친 은혜나 5대가 지나면 끊어지게 마련이다. 그러나 나는 비록 공자님의 제자는 되지 못했으나 그 동안 여러 사람을 통해 공자님을 사숙할 수 있었다.

　맹자가 이렇게 공자님을 사숙한 데서 「사숙」이란 말이 유래됐는데, 지금도 맹자처럼 뚜렷한 스승 없이 홀로 학문과 덕행을 갖춘 사람을 보고 「사숙」한 사람이라고 부른다.

　　인간은 인간에 의해서만 인간이 될 수 있으므로 인간에게서 교육의 결과를 제외하면 무(無)와 같다.

　칸트의 철학론이 「사숙」하는 사람들에게 큰 용기를 주니 이것 또한 「사숙」이라 하겠다.

같을	말 이을	아닐
似	而	非
사	이	비

겉모습은 비슷하나 본질은 완전히 다른 것

사(似) : ① 같다. ② …보다(비교의 기준). ③ 흉내내다.
이(而) : ① 그리고(접속 역할). ② 너. ③ 그렇다. ④ 곧. ⑤ 써.
비몽사몽(非夢似夢) : 꿈인지 생시인지 어리둥절한 상태. 사몽비몽.

출전(出典) : 맹자의 진심장(下).

사이비(似而非) 149

공자께서는 사이비인들을 미워하셨다. 잡초를 미워하신 것은 모종과 혼동될까 두려워서고, 말을 잘 둘러대는 자를 미워하신 것은 그 자가 신용을 어지럽힐까 두려워서다. 정나라의 음악을 미워하신 것은 정통음악을 어지럽힐까 두려워서며, 자줏빛을 미워하신 것은 그것이 붉은 빛을 어지럽힐까 두려워서고, 지방관리를 미워하신 것은 그가 덕을 어지럽힐까 두려워서다.

이렇게 「사이비」란 말은 맹자의 교훈에서 나왔으며, 여기에 해당되는 자로는 '사불급설'(143페이지 참조)에서 빈정거린 나카노라와 사쿠라이 같은 부류다.

「사이비」는 은어로 사쿠라라고도 쓰이며, 이런 부류의 사람들을 우리는 주위에서 종종 볼 수 있다, 특히 정치인들 중에서. 그래서 겉모습은 공자님 같지만 속모습은 전혀 다른 현대판 공자들이 가장 듣기 싫어하는 것이 이 「사이비」라는 말이다.

우리는 이런 자들을 멀리해야 한다. 속된 말로 똥이 무서워서

150 고사성어 대백과

피하는 게 아니라 더러워서 피하는 것이다.

따라서 공자의 말을 빌린 맹자는 끝장에, "고로 군자는 인의(仁義)와 덕(德)의 근본이치를 반복해 실천할 따름이다. 그렇게 행하면 백성들도 따라오고 이 세상의 사악도 없어질 것이다"라고 하면서 처세술에 능한 사이비 군자를 훈계했다.

그리고 이러한 훈계가 현대판 사이비 학자나 정치인들에게도 그대로 통용됨은 물론이다.

　　모든 악행 중에서 위선자의 악행보다 더 비열한 것은 없다.
　　그는 가장 위선적인 순간에 가장 고결한 체하기 때문이다.

로망롤랑의 말처럼 위선자, 즉 사이비 정치인, 학자, 공무원, 기자, 종교인 등등은 새롭게 거듭나기 위해 각고를 치러야 할 것이다.

※ 로망롤랑(1866~1944) : 프랑스의 소설가이며 평론가.

사인선사마(射人先射馬) 151

쏠	사람	먼저	쏠	말
射	人	先	射	馬
사	인	선	사	마

상대방을 쏠 때는 먼저 그가 타고 있는 말을 쏴라

사살(射殺) : 쏘아 죽임.
인물(人物) : ① 사람. ② 재능이나 능력이 뛰어난 인재. ③ 생김새나 됨됨이의 측면에서 본 사람.
선봉(先鋒) : ① 맨 앞장을 서는 부대. ② 맨 먼저 어떤 것을 하는 사람.
사수(射手) : 활이나 총을 쏘는 사람.
마적(馬賊) : ① 말을 탄 비적(匪賊). ② 말을 훔치는 도적.

출전(出典) : 두보의 시(전출색).

사람을 쏘려거든 먼저 말을 쏘고
적을 사로잡으려면 먼저 왕을 사로잡아라.
사람을 죽이는 데는 한계가 있다.

　편의상 두보의 시를 일부만 소개했는데, 여기서 그가 주장하는 것은 인간의 목숨을 중히 여기라는 것이다. 즉 사람을 많이 죽이는 것이 전쟁의 목적은 아니라는 뜻이다.
　그러나 오늘날의 뜻은 조금 다르다. 목적 달성을 위해서는 인정사정 볼 것 없이 먼저 상대방을 쏘아야 한다는 뜻으로 인용하는 비즈니스맨들이 많다. 이것은 바로 점점 더 치열해져만 가는 현대 경쟁사회에서 살아 남기 위한 몸부림인 것이다.

사자	아들	몸	가운데	벌레
獅	子	身	中	蟲
사	자	신	중	충

사자의 몸 속에 들어 있는 벌레가 사자의 몸을 먹어 치운다

사자(獅子) : 고양이과에 속하는 포유동물.

신명(身命) : 몸과 목숨.

중아(中阿) : 중앙 아프리카의 약칭.

충해(蟲害) : 해충으로 인한 피해.

출전(出典) : 불경(佛經)의 범강경.
　　　　　불경은 불교의 교리를 밝힌 경전.

    사자 몸 속의 벌레가 사자의 살을 파먹듯이 불제자가 스스로 불법을 파괴한다. 즉 부처의 올바른 가르침을 파괴하고 그 권위를 타락시키는 것은 불법을 믿는다는 제자들 중에 나쁜 자가 있기 때문이지, 불교를 반대하는 이교도나 성불(成佛)을 방해하는 마귀들 때문이 아니다. 이것은 곧 사자신중충과 같은 이치다.

불경의 범강경에 나오는 이 말의 뜻을 풀이하자면 이렇다.
    사자의 시체에 다른 짐승들은 감히 접근을 못 하나 그 대신 사자의 시체 속에서 생긴 벌레들이 사자의 시체를 먹어 치운다.
    이것을 예로 들어 불가에서는, 불법을 파괴하는 것은 외부의 세력이 아니라 불제자 자신들이라며 경계한 것이다.

사자	아들	울
獅	子	吼
사	자	후

사자의 울부짖음

사자(獅子) : 고양이과에 속하는 포유동물.
후(吼) : 울다. 짐승이 성내어 으르렁거림.

출전(出典) : 불경의 전등록. 유마경.

부처님께서 도솔천(兜率天 : 미륵보살이 있는 곳)에 태어나셨을 때 한 손은 하늘을 가리키고 또 한 손은 땅을 가리키며 일곱 발자국을 걸으시고 눈으로는 사방을 돌아보며 말하기를 "천상천하 유아독존(天上天下 唯我獨尊 : 우주간에 나보다 더 존귀한 것은 없다)"이라 하시면서 '사자후' 같은 소리를 내셨다 한다.

이 말은 불경의 전등록에 기록된 것이며, 또한 유마경에는 다음과 같이 기록되어 있다.

석가모니 설법의 위엄은 마치 사자가 울부짖는 것과 같으며 그 해설하시는 것은 마치 우레가 울려퍼지는 것처럼 청중들의 마음을 사로잡았다.

뭇짐승들이 사자의 울부짖음 앞에서 꼼짝 못 하듯이 부처님의 설법 앞에서는 누구나 머리를 숙이게 된다는 뜻이다. 그러나 요즘엔 열변이나 웅변을 토할 때 흔히 이에 비유된다.

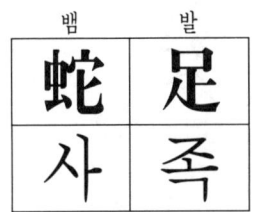

뱀의 발

사족(蛇足) : 뱀의 발이란 뜻으로, 쓸데없는 짓을 하다가 다된 일을 그르친다는 것에 비유.
족적(足跡) : ① 발자국. ② 지내온 발자취.

출전(出典) : 사기의 초세가.

158 고사성어 대백과

초나라 재상 소양(昭陽)이 위나라를 정벌하고 나서 다음 공격 차례는 제나라라고 왕에게 보고했다는 소식을 접한 진나라의 진진(陳軫)은 제나라를 위해 초나라로 달려가 소양을 만난 자리에서 다음과 같은 일화를 들려 주면서 그를 설득했다.

　옛날에 어떤 구두쇠 주인이 큰 잔에 술을 한 잔 따른 다음 하인들 앞에 내놓았다. 그러자 그 하인들은 땅에 뱀을 먼저 그리는 자가 그 술을 다 먹기로 약속하고 땅에 뱀을 그리기 시작했다.
　그리고 잠시 후, 제일 먼저 뱀을 그린 자가 술잔을 잡고 우쭐한 김에 "다리도 그릴 수 있지"하며 뱀에 다리를 그렸다.
　그러자 그 다음으로 뱀을 그린 자가 "틀림없이 자네는 지금 뱀에 다리를 그렸겠다. 그렇다면 이 술은 내꺼야"하며 술잔을 빼앗았다. 그러면서 "뱀에는 다리가 없다는 것을 자네도 잘 알겠지?"하며 비웃고는 술 한 잔을 맛있게 쭈욱 들이켰다.

"이 얘기 속에 숨어 있는 깊은 뜻이 바로 당신의 신상 문제와 연관이 있지요. 왜냐하면, 당신은 더이상 출세할 수 없는 재상직에 있기 때문입니다. 그런데 당신은 위나라를 공격해 원망 듣는 것도 부족해 제나라까지 공격해 더 큰 원망을 사려고 합니다. 만약에 당신이 이 싸움을 승리로 이끈다고 해도 당신은 더이상 출세할 수 없습니다. 그러나 만일 반대로 당신이 패했을 경우에는 관직 박탈은 물론 심지어는 목까지도 잘려야 할 것입니다. 이것이 바로 뱀의 다리를 그린 것과 같은 이치랍니다. 고로 지금도 늦지 않았으니 중지하십시오, 당신의 앞날을 위해서."

그 후 소양은 진진의 말에 따랐는데, 쓸데없는 짓을 하다가 일을 그르친다는 「사족」이란 말은 여기서 유래됐다.

사사로울	모일
私	聚
사	취

개인적으로 재물을 취하라

사욕(私慾) : 자기의 이익만을 탐하는 욕심. 사욕(私欲).
취(聚) : ① 모이다. ② 모으다. ③ 누적된 것.

출전(出典) : 한비자의 설림상편.

사취(私聚) 161

　위나라의 어떤 사람이 그의 딸을 시집보내면서 말했다.
　"결혼생활을 할 때는 반드시 개인적으로 재물을 모아야 한다(必私積聚). 남의 부인이 됐을 때는 쫓겨나는 게 보통이고 잘사는 것은 요행이니까."
　그의 딸은 결혼생활을 하면서 아버지의 말대로 「사취」를 하다가 시어머니로부터 내쫓김을 당했다. 그러자 그 딸은 즐거운 마음으로 친정으로 돌아와 시집갈 때 가지고 간 재물보다 두 배 이상이나 불려 가지고 왔다면서 친정 아버지에게 자랑을 했다.
　말을 듣고 난 그 아비는 딸이 소박맞았다는 사실은 생각지도 않고 지혜로운 일이었다며 그녀를 반갑게 맞이했다.
　한비자는 이 우화를 소개하면서, 사사로운 욕심을 부리는 인간의 「사취」 심리를 꼬집고 있다.

넉,사방	바다	맏	아우
四	海	兄	弟
사	해	형	제

★

사해(천하)의 형제들

사해(四海) : ① 사해의 바다. ② '사해의 안'이란 뜻에서 온 천하를
          일컬음. ③ 불교 용어로는 수미산을 둘러싼 사방의 바다.
해상(海上) : 바다 위.
형제(兄弟) : 형과 아우.

출전(出典) : 논어의 안연편.

사해형제(四海兄弟) 163

　사마우가 걱정하며 왈(曰),
　"남들은 다 착한 형제를 가졌거늘 나만 유독 혼자 같군요."
하자 자하(子夏)가 이렇게 위로했다.
　"내가 선생님(공자)에게 들은즉, 생(生)과 사(死)는 명(命)에 있고 부귀는 하늘에 달려 있다고 했소. 고로 군자가 경건함을 잃지 않고 사람들에게 공손하고 예의를 지키면 천하 사람이 모두 사해형제와 같아진다고 했소. 그런데 어찌 군자가 형제 없음을 걱정합니까?"

　이것은 논어에 있는 말이다. 사마우에게는 한퇴라는 악덕한 형이 있었으나 그런 형은 있으나 마나라는 심정을 이렇게 토로한 것이다. 이에 자하가 현대판「사해형제」, 즉 '세계는 하나'라는 슬로건으로 사마우를 위로한 것이다.

죽일	몸	이룰	어질
殺	身	成	仁
살	신	성	인

자신의 몸을 희생해 인(仁)을 이루다

살신(殺身) : 목숨을 버림.
신상(身上) : 일신(一身)에 관한 일.
성인(成仁) : 인을 이룸. 덕을 갖춤.
인자(仁者) : 어진 사람. 인인(仁人).

출전(出典) : 논어의 위령공편.

살신성인(殺身成仁) 165

　공자 왈(曰), 선비와 인자(仁者)는 살기 위해 인(仁)을 해치는 일이 없고, 몸을 죽여 인(仁)을 이룩한다.

　논어의 핵심인 이 유명한 말은 인(仁)이 메말라 있는 현대인들에게 다시 한 번 '인(仁)을 이루기 위해선 살신(殺身)까지도 서슴지 말라'고 충고한다.
　여기에 어울리는 인물을 추천하라면 필자는 두말없이 조만식(曺晚植) 선생을 추천하겠다. 그는 민족주의자면서도 유교사상의 핵인 인(仁)으로 똘똘 뭉쳐진 군자였기 때문이다.
　그분의 성품은 비단결같이 곱고 온화하면서도 대단히 근엄했다고 그를 잘 아는 사람들은 말한다. 그래서 오산(五山)학교 교장 시절, 학생들이 잘못을 저질러도 언성 높여 꾸짖은 적이 없었으며, 언제나 웃는 얼굴로 이치를 따져 조용히 타일렀다 한다.
　그러나 조회시간에 훈시할 때만은 위엄과 결단이 치솟는 불길

166 고사성어 대백과

같은 열변을 토해 냈으며, 이같은 결단과 용기는 8.15 광복 직후 북한에 진주한 소련군과 그 앞잡이들(김일성 포함)이 신탁통치를 강요하며 갖은 공갈로 위협할 때 그 진면목을 유감없이 발휘했다.

"당신들은 지금 총뿌리를 우리 앞에 갖다 대놓고 이 회의를 진행하고 있지. 그러나 총이 아니라 대포를 갖다 들이대도 이 조만식은 끄떡도 하지 않아."

이렇게 그는 그들의 요구를 끝까지 거절했다가 6.25 전쟁 와중인 1950년 10월 18일 북한 당국에 의해 총살되었다. 그는 마치 인도의 성자 간디처럼 비폭력 항거를 하다가 이슬처럼 사라졌던 것이다.

※ 조만식(1882~1950) : 독립운동가이며 정치인.

삼고지례(三顧之禮)

석	돌아볼	어조사	예도
三	顧	之	禮
삼	고	지	례

세 번 찾아가서 예절을 다한다

삼고초려(三顧草廬) : 유비가 제갈공명의 초옥을 세 번 방문해 참모로 맞아들인 일에서 유래된 말. 삼고지례와 같은 뜻임.
고객(顧客) : 영업 상대로 찾아오는 단골손님.
지(之) : ① 가다. ② 이, 그(대명사). ③ 어조사.
예우(禮遇) : 예를 갖추어 대우함.

출전(出典) : 삼국지의 제갈량전.

　'비육지탄'(115페이지 참조)으로 크게 자극을 받은 유비는, 자기의 군사력이 관우와 장비의 전투력에 힘입어 매우 강했으면서도 유표의 식객 신세로 전락하게 된 것은 이 전투력을 유효적절하게 운용하는 참모가 없었기 때문임을 뒤늦게 깨닫고 즉시 참모 물색에 발 벗고 나섰다.

　바로 이때 경련을 일으킬 만한 소식이 유비의 큰 귀에 걸려들었다. 어느 날 모사(謀士)인 서서(徐庶)가, 초야에 묻혀 있는 용(제갈공명)을 끌어내서 참모로 활용하라고 조언해 주었던 것이다.

　그러자 유비는, 용은 누가 부른다고 해서 쉽게 올 사람이 아니라는 것을 알고, 직접 만나 보기 위해 강추위를 무릅쓰며 먼 길을 떠났다.

　그러나 때마침 그 용은 어디론가 여행을 떠나고 집에 없었다. 유비는 할 수 없이 먼 길을 되돌아왔다가 다시 그 해 겨울에 용의 집을 찾아갔다.

삼고지례(三顧之禮) 169

그러나 그때도 역시 용이 여행중이었으므로 되돌아왔다가 봄에 또다시 그의 집을 찾아갔다. 이번에는 틀림없이 그가 집에 있다는 정보를 입수하고 들이닥친 것이다.

그런데 용이 낮잠을 자고 있는 게 아닌가.

하인이 용을 깨우려고 했으나 유비는 하인을 제지하고 용이 깨어날 때까지 문앞에서 기다렸다.

하지만 어떻게 된 영문인지 아무리 기다려도 용은 몸만 뒤척일 뿐 잠에서 깨어날 기미가 보이지 않았다. 이에 성미가 불 같은 장비가 버럭 소리를 질렀다.

"공명인지 공갈쟁이인지 정 일어나기 싫다면 내가 방에다 불을 질러 보지."

그리고는 진짜로 방에다 불을 지르려고 설쳐 댔다. 그러는 장비를 유비와 관우가 겨우 뜯어말려 진정시켰다.

그때서야 비로소 잠에서 깨어난 용은 깍듯하게 예의를 갖춘 유비

의 인품과 간곡한 정성에 끌려 그들을 따라 산에서 내려왔다.

　이때 유비의 나이는 47세였고, 제갈공명은 한참 피가 끓는 27세의 젊은 나이였다.

　현대의 정치가나 기업의 경영자들은 인재를 스카웃할 때 흔히 이「삼고지예」를 들먹거린다. 유능한 인재를 얻으려면 그만큼 고통이 따르고, 그것을 꾹 참고 최선을 다해야 한다는 뜻이다.

　현대의 기업 경영에 있어 필수적인 것은 인재와 자본, 그리고 제품이다. 특히 그 중에서도 중요한 것은 유능한 인재인데, "기업은 사람이다!"라는 말이 이를 잘 대변하며, 여기에 경영자도 포함됨은 물론이다.

　이 경영자 중 '용병의 달인', '인사관리의 귀재'라는 별명을 갖고 있던 삼성그룹의 창업주 이병철 씨는 1976년 6월 J일간지에 기고한 글에서 이렇게 말했다.

삼고지례(三顧之禮) 171

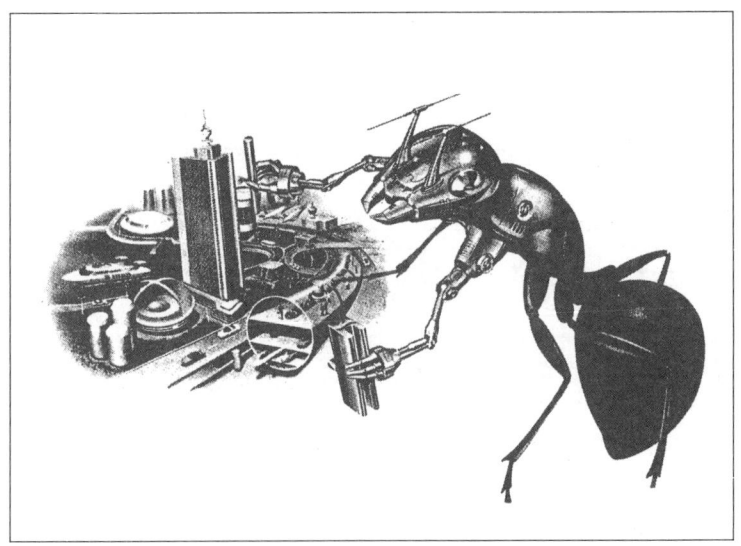

　기업은 인재가 만들고 사람은 인재를 만드는 것이다. 따라서 우수한 인재들이 많을 때 사업은 번창한다. 그래서 인재는 사업의 기둥이며 자본은 그 다음인 것이다. 그렇다고 사람의 능력만 가지고 성공하는 것은 아니다. 운(運)도 따라야 한다. 그래서 운이 다가오기를 기다리는 둔(鈍)한 맛이 있어야 하고 운이 트일 때까지 버티는 끈기가 필요하다. 이것이 따르지 않으면 결국 운도 놓칠 테니까.

　역시 인사관리의 귀재다운 말이다.
　이병철 씨 말대로, 유비에게도 제갈공명을 스카웃할 수 있었던 운이 따랐던 모양이다. 물론 여기에는 유비의 집착과 끈기와 정성이란 3박자가 따랐지만 말이다.
　그러나 이「삼고지예」를 가지고도 안 되는 일이 있었다. 1995년 5월, YS 진영이 서울 시장감으로 이회창 전 총리를「삼고지례」로 스카웃하려고 했으나 그의 단호한 거절로 좌절됐다는 것이 그것이다. 무슨 속사정이 있었겠지만……

석	명령	다섯	펼
三	令	五	申
삼	령	오	신

세 번 명령하고 다섯 번 말하다

삼령(三令) : 세 번을 명령함.
영장(令狀) : 명령을 적은 문서(구속·수색 영장).
오관(五官) : 사람 몸의 다섯 감각기관(눈, 귀, 코, 혀, 피부).
신칙(申飭) : 단단히 일러서 경계함.

출전(出典) : 사기의 손자오기열전.

삼령오신(三令五申) 173

  손자병법을 읽어 본 오나라 왕 합려가 그 책의 저자 손무(孫武)에게 찬사를 보내며, 자신이 총애하는 궁녀들을 이용해 시범을 보여 달라고 청하자 손무는 흔쾌히 승낙하며 시범에 들어갔다.
  그는 먼저 180여 명의 궁녀들을 둘로 나눠 세운 다음, 왕이 제일 사랑하는 궁녀 두 사람을 각각 대장에 임명하였다. 그리고 나서 그는 궁녀들에게 설명했다.
  "내가 '앞으로!'라고 호령하면 가슴을 보고, '좌로!'라고 호령하면 왼손을 보고, '우로!'라고 하면 오른손을 보고, '뒤로!' 하면 등 쪽을 보아야 한다."
  이에 궁녀들은 장난치듯 건성으로 대답했다.
  이것을 모를 리 없는 손무였지만 그래도 모른 척하며 그녀들에게 군령(軍令)에 절대적으로 복종할 것을 약속받고, 만약 군령을 어길 시에는 대장 궁녀를 사형에 처할 것이라고 경고했다.
  그리고 나서 손무는 세 번 군령의 시범을 보이고 그에 대해

174 고사성어 대백과

다시 다섯 번 설명한 후 큰북을 치게 하면서 '우로!' 하고 명령을 내렸다. 그러나 궁녀들은 흐느적거리며 웃고만 있었다. 이에 손자가 다시 세 번 명령하고 다섯 번 설명했으나 그래도 명령 체계가 바로 서지 않자 즉시 "명령 불복종은 부대 지휘관의 죄다" 하며 오왕이 총애하는 두 궁녀를 사형에 처하도록 명했다.

이에 놀란 오왕이 극구 만류했으나 손무는 듣지 않았다.

"저는 이미 어명을 받고 군의 총수가 되었사오며, 아울러 전선에서는 왕의 명이라도 때에 따라선 거역할 수 있는 것이 군 책임자의 권한이옵니다."

그리고는 기어이 사형을 집행한 다음 새로 대장을 뽑아 부대를 맡기고 명령을 내렸다. 그때서야 비로소 180여 명의 궁녀가 하나된 것처럼 일사불란하게 움직였다.

이 고사가 전하는 메시지는 기강이 해이해져 가는 우리 군에게 시사하는 바가 크다. 물론 극히 일부에 해당하지만.

삼십육계주위상책(三十六計走爲上策) 175

석	열	여섯	꾀	달릴	위할	윗	계책
三	十	六	計	走	爲	上	策
삼	십	육	계	주	위	상	책

36가지 계책 가운데
도망가는 것이 상책이다

36계(三十六計) : 36가지 계책. 여기에는 손자병법에서 민간의 속담에
 이르기까지 권모술수가 총망라돼 있다.
계책(計策) : 어떤 것을 실연하기 위해 세운 대책.
주파(走破) : 끝까지 달림.
위시(爲始) : 시작함. 비롯함.
상책(上策) : 훌륭한 계책. 상계(上計).

출전(出典) : 자치통감 제141권.

176 고사성어 대백과

혼란의 악순환이 남북조 시대를 휩쓸고 있을 때, 제나라 황제에게 반감을 품은 왕경칙(王敬則)이 대군을 일으켜 제나라 수도를 공략하기 위해 진격을 계속하자, 황제측에서는 "왕경칙이 도망을 칠 모양이다"라는 유언비어를 퍼뜨려 반군의 기세를 꺾으려 했다.

이 소문을 들은 왕경칙이 되받아쳤다.

"단공의 36계 중 도망가는 것이 최상책이라고 했듯이, 네 놈들도 어서 꼬리를 말고 도망쳐라!"

그러나 이러한 그의 큰소리에도 불구하고 그는 결국 제나라 군사에게 포위되어 참수를 당하고 말았다.

승산 없는 싸움은 하지 말라는 것이 손자병법을 비롯한 중국 병법의 기본상식이다. 즉 작전상 후퇴하여 전력 손실을 줄이고 전력을 보강한 다음, 다시 기회를 노려 공격하다 보면 언젠가는 승리를 거둘 수 있다는 것이다.

삼십육계주위상책(三十六計走爲上策) 177

 이렇게 치고 빠지는 게릴라전으로 크게 성공한 사람은 대장정의 주인공 모택동이다. 이는 그들의 구호 속에 잘 나타나 있다.

적군이 접근하면 우리는 퇴각한다.
적군이 멈추면 우리는 적을 괴롭힌다.
적군이 피곤해지면 우리는 공격한다.
적군이 퇴각하면 우리는 추격한다.

석	사람	이룰	시장	범
三	人	成	市	虎
삼	인	성	시	호

세 사람이 시장에 호랑이가 나타났다고 하면 믿게 된다

삼인(三人) : ① 세 사람. ② 여러 명.
인심(人心) : 사람의 마음.
성시(成市) : 장이 섬. 시장을 이룸.
시정(市井) : ① 장이 서는 곳. 시장. ② 거리의 장사아치.
호환(虎患) : 호랑이가 끼치는 화변.

출전(出典) : 전국책의 위나라편.

삼인성시호(三人成市虎)   179

　전국시대 때 위나라의 대신 방총이 그 당시 외교 관례상 태자가 조나라의 인질로 가게 되면서 수행원으로 뽑혀 함께 떠나게 되었는데, 떠나기 전에 그는 왕과 이런 말을 주고 받았다.
　"어떤 한 사람이 시장에 호랑이가 나타났다고 하면 왕께옵서는 그 말을 믿으시겠사옵니까?"
　"절대로 안 믿지."
　"그럼, 두 사람이 똑같은 말을 한다면 믿으시겠사옵니까?"
　"글쎄, 그때는 반신반의하겠지."
　"그렇다면 세 사람이 똑같은 말을 한다면 그때는 정말로 믿으시겠군요?"
　"그때는 믿을 수 있겠지."
　"그렇사옵니다. 세 사람이 똑같은 말을 하게 되면 호랑이가 시장에 나타날 리가 없는데도 나타나게 되옵니다. 이렇듯, 아마 제가 조나라로 떠나고 나면 저에 대해 왈가왈부하는 자가 세 사

람 정도가 아닐 것이옵니다. 왕이시여, 이 말의 뜻을 깊이 명심해 주시길 바라옵니다."

그 후 예상했던 대로 방총이 조나라로 떠나자 마자 그를 헐뜯는 자가 세 명 이상 생겨나게 되었고, 따라서 그는 본의 아니게 망명객 신세가 되었다는 데서 이「삼인성시호」라는 말이 생겨났다.

또 다음과 같은 일화도 있다. 어느 날 어느 집에서 파티가 거의 끝나갈 무렵, 손님 한 사람이 인사를 하고 먼저 돌아가자 뒤에 남은 사람들이 그를 비방하고 갖은 악담을 퍼부었다. 그리고 두 번째로 돌아간 사람에게도 같은 악담이 퍼부어졌다.

이런 악순환이 반복되자 맨 마지막에 남은 손님이 주인에게, "미안하지만 나 좀 여기에서 재워 줄 수 없겠나, 저 사람들과 똑같은 사람이 될까 두렵네" 하며 사정을 했다 한다.

이 내용은 톨스토이의 작품에 나오는데, 이 장과 썩 어울리기에 소개한 것이다.

석	사람	갈	반드시	있을	나	스승
三	人	行	必	有	我	師
삼	인	행	필	유	아	사

세 사람이 가는 데는 필히 나의 스승이 있다

삼인(三人) : ① 세 사람. ② 여러 명.
행인(行人) : 길을 가는 사람.
필수(必需) : 꼭 필요함. 꼭 쓰임.
유익(有益) : 이익이 있음. 유리(有利).
아동방(我東方) : 우리나라를 가리키는 자칭.
사부(師父) : ① 스승의 존칭. ② 도사의 존칭.

출전(出典) : 논어의 술이편.

공자 왈(曰), 세 사람이 길을 걸어가면 그 사람들 중에는 반드시 내 스승이 될 사람이 있다. 고로 그들의 착한 점을 골라 따르고 나쁜 점은 살펴 스스로 고쳐야 한다.

논어 술이편에 나오는 이 말은 전장에서 소개한 '삼인성시호'와는 큰 대조를 이루며, 다시 한 번 공자의 진면목이 엿보인다. 그리고 이 장에서 알 수 있듯이 공자는 보통사람이라면 누구나 알기 쉽게 가르쳤으며, 공자 자신도 천재라고 생각하지 않았다. 그 증거를 들자면 이렇다.

공자 왈(曰), 나는 태어나면서부터 저절로 도(道)를 깨달은 것이 아니라 단지 옛것을 좋아하고 부지런히 찾아 배워 알게 됐을 뿐이다(논어 술이편).

고로 자기 자신이 천재라고 생각하지 않는 사람들은 주위에서 스승을 찾아 이 장의 정의를 빛내 주자.

상가지구(喪家之狗)　183

초상	집	어조사	개
喪	家	之	狗
상	가	지	구

상갓집 개

상가(喪家) : 초상난 집.
지(之) : ① 가다. ② 이, 그(대명사). ③ 어조사.
구(狗) : ① 개. ② 역(易)의 간(艮)에 해당됨.

출전(出典) : 사기의 공자세가.

184 고사성어 대백과

정치적 실패를 맛보고 나서 정나라에 갔을 때 공자는 제자들과 길이 어긋나 혼자 남게 되어 혼자 쓸쓸하게 성곽 동문에서 제자들이 돌아오기만을 기다리고 있었다. 이 모습을 본 정나라의 어떤 사람이 공자를 찾고 있는 제자들에게 가서 설명하였다.

"동문 앞에 서 있는 그 사람의 이마는 요임금과 비슷했고, 그 목은 고요(순임금·우임금을 섬긴 옛 재상)와 같았고, 그 어깨는 자산(공자보다 조금 앞선 시대의 재상)과 닮았으나 다만 허리 아래로는 우임금에 미치지 못함이 세 치(寸)나 되고, 그 피로하고 뜻을 얻지 못한 듯한 꼴은 마치 상갓집 개 같더군요."

그러자 제자들은 자신들의 스승임을 알아차리고 그곳으로 달려갔다.

그 후 자공이 공자에게 정나라 사람이 한 말을 전하자 공자는 빙그레 웃으며 말했다.

"모습에 대한 비교는 어색하나 상갓집 개 같다는 표현은 아주

상가지구(喪家之狗)   185

정확한 표현이야."

여기서 상갓집 개(「상가지구」)란 말이 유래되었으며, 이 말은 공자의 매력을 더 한층 느끼게 하는 최고급 유머였다고 볼 수 있다. 이렇게 공자는 값싼 재사(才士)가 아니면서 때때로 재치있는 말을 즐겨했다. 그 한 예를 들자면, 공자가 정치적으로 불우할 때 제자 자공이 물었다.

"여기에 한 개의 아름다운 옥(玉)이 있는데, 이것을 상자 속에 넣어 깊이 간직하실 건지요? 아니면 비싼 값으로 팔아 버리실 건지요?"

그러자 공자의 대답이 걸작이다.

"팔아야지! 나는 비싼 값으로 팔리기를 원하니까."

「톰 소여의 모험」으로 유명한 작가 마크 트웨인은 이런 식의 유머에 대해 "유머의 출처는 언제나 슬픔에서 나온다. 따라서 천국에는 유머가 없다"고 평했다.

서로	생각	병
相	思	病
상	사	병

서로 생각하는 병

상사병(相思病) : 남녀 사이에 서로 못 잊어 생긴 병.
사모(思慕) : ① 그리워함. ② 우러러 받듦.
병고(病苦) : 병으로 인한 고통. 병으로 고생함.

출전(出典) : 수신기(搜神記).

상사병(相思病) 187

 춘추시대 송(宋)나라 말기, 술과 여자를 광적으로 즐겼던 강왕(康王)은 자신의 시종인 한빙의 부인이 절세미인이라는 것을 알고 그녀를 강제로 탐한 후 후궁으로 삼았다. 그리고는 한빙에게 죄를 씌워 변방 근처로 보냈는데, 얼마 후에 한빙은 부인을 너무 그리워한 나머지 자살을 했다.
 이 소식을 전해 들은 하부인은 강왕에게 다음과 같은 내용의 유서를 남기고 성 위에서 투신자살을 했다.
 "왕께옵서는 사는 것을 보람으로 느끼실지 모르지만 저는 남편 따라 죽는 것을 보람으로 느낍니다. 마지막 소원이니, 제가 죽으면 저의 남편과 합장해 주십시오."
 이 유서를 읽고 난 강왕은 폭군답게 고의로 무덤을 서로 떨어지게 만든 다음 악담을 퍼부었다.
 "죽어서도 서로 사랑하겠다 이 말이지? 좋아, 그렇다면 재주껏 너희들의 무덤을 하나로 합쳐 보지 그래."

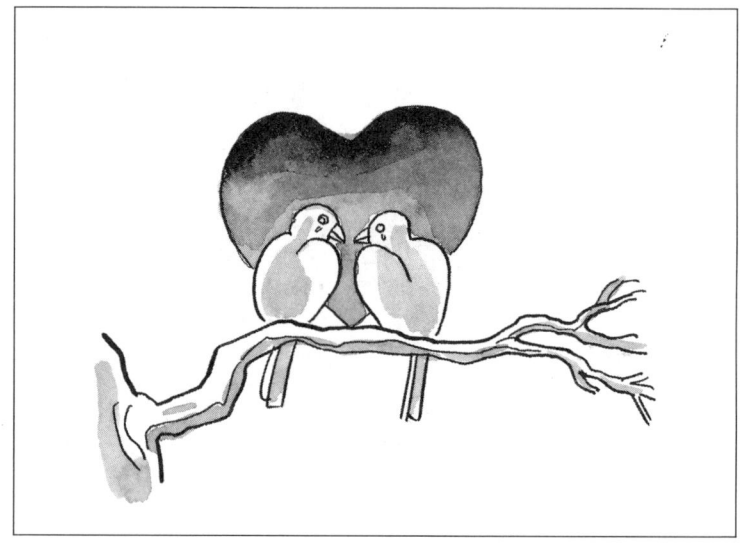

그러자 그날 밤부터 그들의 무덤 끝에서 두 그루의 나무가 자라기 시작했는데, 10일이 못 가 큰 아름다리 나무로 변해 위로는 나뭇가지가 서로 얽히고, 밑으로는 그 뿌리가 서로 맞닿았을 뿐만 아니라, 나무 위에서는 한 쌍의 원앙새가 앉아 서로 목을 비비며 슬피 울고 있었다.

이 장면을 목격한 사람들은 그 후 원앙새를 이들 부부의 슬픈 넋이라 여기고, 그 나무를 상사수(相思樹)라고 부르며 그들의 영혼을 달래 주었다 한다. 이때부터 「상사병」이란 말이 생겨났다 한다.

사랑의 위대함을 서정시인 하이네는 이렇게 강조했다.

사랑은 어떤 것도 겁내지 않는다. 설사 사신(死神)이라 할지라도 두려워하지 않고 자기 편으로 끌어들일 용기까지 있다. 이 세상에 사신을 자기 편으로 끌어들인 사랑만큼 강한 것은 아무 것도 없다.

항상	뫼	뱀	기세
常	山	蛇	勢
상	산	사	세

상산의 뱀 같은 기세

상산(常山) : 산동성 제성현 남쪽 20리에 있는 산.
사세(蛇勢) : 뱀 같은 기세.

출전(出典) : 손자병법의 구지편.

　손자 왈(曰), 싸움에 능한 자는 솔연(率然)과 같다. 솔연이란 상산의 뱀을 말하며, 이 뱀은 머리를 때리면 꼬리가 덤비고 꼬리를 치면 머리로 덤벼들며 허리를 때리면 머리와 꼬리로 덤벼든다.

　「상산사세」라는 말은 여기서 유래됐으며, 손자는 상산의 뱀을 등장시켜 군대 전체가 이 상산의 뱀처럼 긴밀한 연결을 취해 한 덩어리로 뭉쳐 모든 사물에 대처하라고 강조했다. 그리고 손자는 이것이 가능하다고 자문자답한다.

　나중에 소개될 '오월동주'에 협조를 구하면서 이 장의 결론을 내리자면, '병사를 위험한 곳에 투입시켜 병사들로 하여금 필사적으로 싸우도록 한다'이다. 그런가 하면, 이 장의 뜻은 시작과 끝이 잘 맺어진 문장을 가리키기도 한다.

뽕나무	밭	푸를	바다
桑	田	碧	海
상	전	벽	해

뽕나무 밭이 푸른 바다로 변하다

상전(桑田) : 뽕나무 밭.
전답(田畓) : 밭과 논. 농토.
벽해(碧海) : 푸른 바다.
해수(海水) : 바닷물.

출전(出典) : 유정지의 대비백발옹. 신선전(神仙傳).

낙양성 동편의 복숭아꽃 오얏꽃
이리저리 휘날려 누구 집에 떨어지나.
낙양의 어린 소녀 고운 얼굴 만지며
지는 꽃을 바라보며 깊은 한숨 짓는구나.
올해에 꽃이 지면 그 얼굴엔 나이가 들어
내년에 피는 꽃은 누가 보아 주나.
옛말에 뽕나무 밭이 푸른 바다가 된다더니
정녕 옳은 말이구나.

「상전벽해」라는 말이 알려지기는 유정지(劉廷芝)의 '대비백발옹'이란 위의 시에서부터였으나, 이 말의 출처는 신선전(神仙傳)에 있다.

어느 날 선녀 마고가 신선 왕방평에게 말하기를,

"지금까지 신선님을 곁에서 모셔 온 이래 저는 뽕나무밭이 푸른 바다로 변하는 것을 세 번이나 보았습니다. 그런데 얼마 전

에 보니 다시 바다가 얕아져 전의 반 정도로 줄어 있었습니다. 다시 육지가 되려는 것일까요?"
하자, 신선 왕방평은 이렇게 대답했다.
"고로 옛 성인들이 말씀하시기를 바다의 녀석들이 흙먼지를 일으키고 있다지 않았던가?"
이처럼 자신도 모르게 세상이 몰라 볼 정도로 달라졌을 때 흔히 「상전벽해」라는 말을 인용한다.
"신마저도 과거를 고치지 못한다"는 아리스토텔레스의 말처럼 「상전벽해」를 붙잡을 순 없다. 그 대신 시인인 에머슨의 명언에 따르도록 하자.

　　오늘을 붙들어라! 될 수 있으면 내일에 의지하지 말라. 그날 그날이 일 년 중에서 최선의 날이니까.

날	부칠	죽을	돌아갈
生	寄	死	歸
생	기	사	귀

삶은 붙여 사는 것이며 죽음은 돌아가는 것

생애(生涯) : 한평생.

기생(寄生) : 남에게 의지하여 삶.

사귀(死歸) : 죽음은 돌아간다는 뜻.

귀기(歸期) : 돌아갈 시기. 귀환할 기한.

출전(出典) : 사략(史略)의 권 일(卷一).

생기사귀(生寄死歸)   195

 그 옛날 우임금이 제후들과의 회식을 끝내고 강을 건널 때 난데없이 거대한 황룡이 배를 등에 지고 물 위로 솟구쳤다. 그러자 배 안의 모든 사람들은 겁에 질려 있는데 우임금만은 하늘을 우러러보며 이렇게 탄식했다.
 "나는 하늘로부터 명을 받아 백성을 위해 모든 힘을 다 바쳤다. 삶은 붙여 사는 것이며 죽음은 돌아가는 것이라 했으니 하늘의 뜻에 따르리라."
 그러자 황룡은 자기를 마치 도마뱀 정도로 여기는 듯한 위엄을 보인 우임금의 태연함에 기가 꺾여 고개를 숙인 채 꼬리를 말고 하늘 높이 올라가 버렸다.
 이 고사는 「생기사귀」의 신비성을 풍자한 것으로, 소크라테스도 이와 비슷한 말을 남겼다.

 이별의 시간이 왔다. 우리는 자기 길을 간다. 나는 죽고 너는

산다. 어느 것이 정답인가는 신만이 알 것이다.

죽음이란 무엇인가? 아니 삶이란 무엇인가? 어느 순간에 죽음이 찾아와서 삶을 빼앗아 갈 수 있는 것이라면 도대체 이 삶이란 무엇인가? 죽음 앞에서 인간이 그렇게 무기력해질 수밖에 없다면 도대체 삶이라 하는 것은 어떤 의미를 가지고 있단 말인가?

또 브하그완의 철학에 대해 세네카는 소크라테스의 철학에 동조하고, 삶을 두려워하는 우리에게 다음과 같은 메시지를 발송했다.

어떤 신(神)에 속하는 것이 우리 속에 살고 있다. 그래서 그칠 사이도 없이 그 본원(本源)으로 돌아가려고 발버둥치고 있는 것이다.

글	족할	써	적을	성	이름
書	足	以	記	姓	名
서	족	이	기	성	명

글은 이름을 쓸 수 있을 정도면 족하다

서기(書記) : 기록을 맡아 보는 사람.

족(足) : ① 발. ② 족하다. ③ 지나치다.

이심전심(以心傳心) : ① 서로 글자나 말 등을 쓰지 않고 의사를 전달하고 통함. ② 불도의 깨달음은 말로 설명하기 어려운 것이므로 마음으로 통함.

기명(記名) : 성명을 적음.

성함(姓銜) : 성명의 경칭.

명장(名將) : 훌륭한 장군. 이름난 장수.

출전(出典) : 사기의 항우본기.

　글은 이름을 쓸 수 있을 정도면 족하고 칼은 한 사람만을 대적하는 것이니 배울 만한 것이 못 됩니다. 저는 많은 사람과 대적하는 법을 배우겠습니다.

　이 말은 한고조의 천적으로서 일세를 풍미했던 항우가 어렸을 때 학문과 무술을 배우다가 작은 아버지에게 꾸짖음을 당했을 적에 한 말이다. 그래서 소년 항우에게 병법을 가르치려던 그의 작은 아버지는 그것을 포기해야만 했다.

　항우는 어렸을 적부터 산을 뽑을 만한 괴력만 믿고 학문과 병법을 등한시한 것이었다. 그 결과는 셰익스피어의 명언에도 잘 나타나 있으므로 더 이상의 긴 설명은 않겠다.

　사랑에는 눈물이 있고, 행운에는 기쁨이 있고, 용맹에는 명예가 있으며, 야망에는 죽음이 있다.

자리	말
席	卷
석	권

자리를 말다

석권(席卷) : 자리를 말 듯이 손쉽게 모조리 차지함.
권토중래(卷土重來) : 흙을 말아 쌓아온다는 뜻으로, 한 번 패한 자가 다시 세력을 복구해 쳐들어옴을 말함.

출전(出典) : 사기의 위표 팽월전.

　유방과 항우가 '건곤일척'으로 숨이 가쁠 때 위표는 현대의 철새 정치인들처럼 유방에게 붙었다 항우에게 붙었다 하다가 결국엔 유방에게 죽고 말았으며, 그 후 천하를 석권한 한고조(유방)는 반란의 기미가 엿보인 팽월을 체포했다가 황후인 여후(呂后)의 강력한 진언에 따라 팽월을 죽여 버렸다.
　여기서 사기의 저자 사마천은 위표와 팽월에 대한 평을 이렇게 기록하면서 「석권」의 본뜻을 전했다.

　　위표와 팽월은 똑같이 비천한 집안 출신으로서 천 리의 땅을 석권했으나 그 명성이 날로 높아지면서 반란의 뜻을 품었다가 체포돼 죽임을 당했다. 그들은 왜 자결하지 않고 포로가 되면서까지 죽임을 당했는가? 그 이유는 그들이 포로가 돼 살아 남아 후일의 석권을 노렸기 때문이다.

　사마천의 지적처럼 두 사람은 천 리의 땅을 「석권」한 것에 만족하지 않고 욕심을 부리다가 천하를 「석권」한 한고조(유방)에게 죽임을 당한 것이다.
　이와 같은 약육강식(弱肉强食)은 현대에도 변함없이 통용되고 있다. 그 대신 다른 점이 있다면, 군사적 석권시대에서 국경 없는 경제 석권시대로 변했다는 점이다. 즉 경제가 세계를 「석권」한다는 것이다.
　제2차 세계대전을 일으킨 히틀러를 마지막으로, 막강한 군사력을 이용해 세계를 지배하겠다는 허황된 꿈을 꾸는 사람들은 이제 거의 없다. 만약에 지금도 이런 주장을 옹호하는 사람이 있다면 그는 아마 정신병자로 치부될 것이다. 하지만 안타깝게도 이북의 김정일과 그의 측근들이 아직도 헛된 망상에 사로잡혀 있는 듯하여 우리를 슬프게 한다.

먼저	들	볼
先	入	見
선	입	견

미리 받아들인 견해

선입감(先入感) : 어떤 사물에 대해 미리 마음속에 가지고 있는 생각
　　　　　　　이나 견해로 자유로운 사고를 구속한다. 선입견.
입이불번(入耳不煩) : 알랑거리는 말이 듣기 싫지 않음.
견문(見聞) : 보고 들음. 또는 그 지식.

출전(出典) : 한서의 식부궁전.

선입견(先入見) 203

한나라의 애제(哀帝)가 어느 날 웅변술이 뛰어난 식부궁(息夫躬)에게서, 곧 오랑캐가 침공해 올 것이므로 대군을 변방에 재배치해야 한다라는 말을 듣고 그럴 수 있다는 「선입견」에 승상인 왕가(王嘉)를 불러 놓고 그 문제에 대해 의견을 물었다.

이에 왕가는 식부궁의 세 치 혀에 빨려드는 애제를 설득하기 위해 다음과 같이 길게 설명했다.

"오랑캐의 침략은 근거 없는 낭설입니다. 흔히 정치하는 사람은 웅변가의 '교언영색'(1권 179페이지 참조)에 심하게 괴로움을 당하곤 합니다. 옛날 진(秦)나라의 목공은 충신인 백리해와 건숙의 진언을 무시하고 욕심에 눈이 어두워 정나라를 치다가 도리어 구원군인 진(晋)나라 군에게 대패를 맛보았습니다. 그때서야 깨달은 목공은 경험이 없고 이론으로만 떠드는 '교언영색'의 무리를 멀리하고 경험이 많은 신하들의 충고를 받아들여 훌륭한 군주가 되었습니다. 그러므로 선입견을 삼가셔야 합니다."

204 고사성어 대백과

그러나 애제는 「선입견」 때문에 왕가의 충고가 귀에 들어오지 않았다. 그 후 애제는 식부궁의 말이 거짓이라는 것이 판명되면서 그를 감옥에 가두었다 한다. 다행히 애제는 자신의 「선입견」이 잘못됐음을 뒤늦게 깨달은 것이다.

이런 「선입견」은 애제 같은 사람뿐만 아니라 간혹 공자 같은 대성인에게도 있었다.

나는 지금까지, 말하는 것이 훌륭하면 그 사람을 신용할 수 있다고 생각했었다. 그러나 지금은 아무리 말이 훌륭해도 그것을 행동으로 옮기지 않으면 안심할 수 없게 되었다. 나를 이렇게 만든 것은 바로 재아(宰我)다.

재아는 공자의 제자로서 웅변의 천재였으나 말과 행동이 달랐기 때문에 공자에게 이런 지적을 당했던 것이다.

먼저	곧	누를	사람
先	則	制	人
선	즉	제	인

먼저 선수를 쳐 상대방을 제압하다

선견(先見) : 장래 일어날 일을 미리 통찰하는 일.

즉(則) : ① 곧. ② 법(본받음. 본보기로 삼음).

제어(制御) : 억눌러서 억제함. 지배함.

인품(人品) : 사람의 품위.

출전(出典) : 사기의 항우본기.

진시황제가 죽고 2세가 즉위하자 포악한 2세의 학정에 전국 방방곡곡에서는 반란이 일어났다. 이때 회계의 태수 은통(殷通)이 어느 날 은밀히 병법가인 항량(項梁)을 불러들여 말했다.

"지금 상황으로 보아 진나라는 국운이 다한 것 같소. 옛말에 먼저 선수를 치면 상대를 제압할 수 있다고 했으니 나는 그대와 환초(桓楚)를 대장으로 삼아 거병을 일으킬 생각이라오. 그대의 뜻은 어떠하오?"

그러자 항량은 즉석에서 찬성하며 말했다.

"환초는 유능한 인물입니다. 그러나 환초는 지금 도망중에 있으며 그 소재는 제 조카 항우만이 알고 있습니다. 이 기회에 제 조카를 만나시어 환초를 찾아오게 하는 것이 어떨지요?"

그리고 그는 은통의 허락을 받고 방에서 나와 밖에서 기다리고 있던 항우에게 들어오라는 사인을 보냈다.

잠시 후 항량을 따라 방에 들어온 항우는 즉시 칼을 뽑아 은

선즉제인(先則制人)   207

통의 목을 향해 내리쳐 피를 봤다. 항량은 은통이 말한 것처럼 조카를 시켜 선제공격을 가한 것이다.

　그 후 항량은 은통의 직위를 접수하고 그 직위를 이용해 8천여 명의 정예병을 고스란히 인수한 다음, 거병을 일으켜 호랑이 같은 항우에게 한쪽 날개를 달아 주었다.

　이 장의 「선즉제인」을 실감나게 보여 준 항량은 탁월한 병법가로서 항상 기회를 노리고 있었던 야심가였으며, '서족이기성명' 편에서 항우에게 학문과 병법을 가르쳤던 장본인이기도 하다.

　결론적으로 말해, 그는 항우의 황금기였던 '건곤일척'(1권 61페이지 참조)의 교두보를 마련해 준 고마운 사람인 셈이다. 그리고 여기에 어울리는 한국인으로는 12.12 쿠데타의 주모자를 들 수 있으며, 선제공격 상황 또한 비슷하다.

해	달	아니	기다릴	사람
歲	月	不	待	人
세	월	부	대	인

세월은 사람을 기다리지 않는다

세월(歲月) : 흘러가는 시간. 연월(年月).

월력(月曆) : 달력.

부지하세월(不知何歲月) : 언제 이루어질지 알 수 없음.

대인(待人) : 사람을 기다림.

인덕(人德) : 그 사람에게 갖추어진 덕.

출전(出典) : 도연명의 잡시.

세월부대인(歲月不待人)   209

젊은 날은 거듭 오지 않고
하루에 새벽은 두 번 오지 않는다.
때가 되면 놓치지 말고 힘써라.
세월은 사람을 기다리지 않으니까.

　도연명의 이 시는 너무나 유명해 우리나라의 명심보감(明心寶鑑)에도 실려 학문의 길잡이 역할을 톡톡히 해냈다. 그리고 이 장을 빛내 주기 위해 케네디도 등장한다.

　우리는 이 장래에 대해 관심을 돌리지 않으면 안 된다. 그 이유는 세계가 시시각각으로 변모해 가고 있기 때문이다. 낡은 시대는 끝났고, 이미 낡은 방법은 통하지 않는다.

※ 케네디(1917~1963) : 미국의 제35대 대통령.

작을	나라	적을	백성
小	國	寡	民
소	국	과	민

작은 나라와 적은 백성

소국(小國) : 작은 나라.
국기(國記) : 그 나라의 역사를 기록한 책.
과민(寡民) : 적은 백성.
민생(民生) : 백성들의 생활.

출전(出典) : 노자의 80장.

소국과민(小國寡民) 211

작은 나라에 적은 백성. 온갖 문명의 도구가 있어도 쓰지 않게 하고, 백성들이 생명을 소중히 여겨 멀리 옮겨 살지 않도록 하면, 배와 수레가 있더라도 그것을 타는 일이 없으며 갑옷과 무기가 있어도 그것을 쓸 곳이 없다.

여기서 노자가 그리는 이상사회는 도연명의 도화원기처럼 유토피아적 성격이 강하다. 다시 말해, 노자의 관심은 문명의 진보를 바라지 않는다는 점에 있다. 문명의 발달은 인간의 노동을 감소시키면서 생활을 풍부하게 하고 화려하게는 하지만, 동시에 게으름과 낭비와 생명의 쇠퇴현상과 내면의 천박함을 가져다 준다는 주장이다.

그러나 우리는 여기서 노자의 이런 주장보다는「소국과민」과 같은 국가가 잘살고 있다는 데 초점을 맞추어 보자. 그 대표적인 국가가 스위스와 싱가포르일 것이다.

송나라	오를	어조사	어질
宋	襄	之	仁
송	양	지	인

송양은 너무 어진 체했다

송양(宋襄) : 송나라의 양공(襄公).
지(之) : ① 가다. ② 이, 그(대명사). ③ 어조사.
인덕(仁德) : 어진 덕.

출전(出典) : 춘추 좌씨전. 십팔사략.

송양지인(宋襄之仁) 213

춘추시대 송나라의 양공이 초나라와 전쟁을 벌였을 때의 일이다. 초나라 군사가 전열이 흩어진 채로 강을 건너는데도 양공이 공격 명령을 내리지 않자 재상 목이(目夷)가 재촉했다.
 "적은 우세하고 아군은 열세하므로 정면승부는 곤란합니다. 그러므로 적이 강을 건너기 전에 공격해야 합니다."
 그러나 양공은 그 말을 묵살했다.
 그 틈에 초군은 강을 다 건너 공격 대형으로 전열을 가다듬었다. 그제서야 비로소 양공은 공격 명령을 내렸으니, 그 결과 송군의 대참패는 명약관화였고 양공 자신도 허벅지에 화살이 박힌 채로 철수해야만 했다.
 이 사실을 전해들은 사람들이 비난의 화살을 양공에게 퍼부으며 분개하자 오히려 양공은, 적이 전열을 정비하지 않았을 때 공격하는 것은 군자가 취할 도리가 아니었기 때문이라며 자신의 잘못을 인정하려 들지 않았다.

214 고사성어 대백과

이에 재상 목이가 분통을 터뜨리며 말했다.

"전쟁이란 본래 승리가 목적이 아닌가. 전쟁터에서는 평상시의 도덕이 절대로 통할 수 없는 법이다. 처음부터 그런 생각이었다면 전쟁은 왜 시작했나?"

그러나 이미 엎질러진 물, 더이상 어쩔 수가 없었다.

이때부터 사람들은 양공의 행위에 대해 수군거리며 「양공지인」이라고 비웃었다 한다. 이 비웃음은 현대인들에게도 그대로 전파되는 것 같다. 특히 철학적인 비판의 대가 니체의 말이 양공을 신랄하게 꼬집는다.

> 도덕에 대한 복종은 노예적이며, 허영심이며, 이기적이며, 체념이며, 음울한 광기며, 사상을 버리는 것이며, 절망의 행위이다.

머리	땅이름	처음	마음
首	邱	初	心
수	구	초	심

머리를 고향 쪽으로 두고
고향을 생각하는 마음

수구초심(首邱初心) : 근본을 잊지 않는 마음. 또는 고향을 생각하는
　　　　　　마음.
초심(初心) : 처음에 가진 마음.
심경(心境) : 이런저런 느낌을 가진 마음상태.

출전(出典) : 예기의 단궁상편.

군자 왈(曰), 음악은 자연적으로 발생하는 것을 즐기며 예(禮)란 그 근본을 잊어서는 안 된다. 옛사람이 말하기를, 여우가 죽을 때 머리를 자기가 살던 굴 쪽으로 향하는 것은 인(仁)이라고 했잖은가.

「수구초심」은 이 고사에서 유래됐는데, 동물이나 인간이나 자기 고향을 잊지 않는 것은 마찬가지인 것 같다. 더구나 이것은 자신의 근본을 잊지 않는다는 헤겔의 '정신철학'으로 이어져 그 실감을 더해 준다.

사람은 누구나 자기 자신을 의탁할 자기 세계를 가지고 있어야 한다. 그리고 여기서 자기 마음속에 그리고 있는 자기의 세계에 얼마나 충실했느냐를 문제 삼아야 할 것이다. 사람에게 있어 가장 슬픈 일은 자기가 마음속에 의지하고 있었던 세계를 잃어버리는 것이다. 나비에게는 나비의 세계가 있고 까마귀에게는

까마귀의 세계가 있듯이, 사람도 자기가 믿는 정신세계의 기둥이 될 만한 세계관을 가지고 있어야 한다. 그러므로 지금 당신이 당신의 마음과 전혀 다른 곳에서 방황하고 있다면 지금 즉시 당신의 세계로 돌아가야 한다.

헤겔에 이어 프리초프·난센도 거든다.

  인생에 있어 가장 큰 일은 자기를 발견하는 것이다. 그러기 위해서 여러분은 이따금 고독과 심사숙고가 필요할 것이다.

머리	쥐	두	바를
首	鼠	兩	端
수	서	양	단

쥐가 구멍에서 머리만 내밀고 나갈까 말까 망설이다

수령(首領) : 우두머리.

서배(鼠輩) : ① 쥐떼. ② 하찮은 사람들.

양단(兩端) : ① 물건의 양쪽 끝. ② 상반되는 상태.

단서(端緖) : 일의 실마리. 발단.

출전(出典) : 사기의 위기무안열전.

수서양단(首鼠兩端) 219

　위기후(魏其侯) 두영(竇嬰)과 무안후 전분(田蚡)은 전한 제4대 경제(景帝) 때부터 제5대 무제(武帝)에 이르기까지 서로 호적수로 으르렁거렸다.
　그러던 어느 날 어떤 사건을 놓고 서로 자기가 옳다고 주장하다가 결말이 나지 않자 황제에게 판결을 의뢰했고, 이에 황제는 관리의 죄를 규명하는 게 직책인 어사대부 한안국(韓安國)에게 의견을 물었다.
　그러자 그는 "양쪽 모두에게 일리가 있으므로 신으로서는 판단을 내리기 어렵사옵니다. 그저 폐하의 판단에 따르겠사옵니다"라며 중립을 지켰다. 다른 신하 또한 마찬가지였다. 신하들의 애매모호한 태도에 화가 난 황제는 즉시 그 사건의 공론을 중지시켜 버렸다.
　이런 다툼으로 황제의 마음을 괴롭힌 것을 쑥스럽게 생각한 무한후는 어전에서 물러나자 마자 어사대부 한안국을 불러세워

놓고 화풀이를 했다.

"너는 왜 구멍에서 머리만 삐죽이 내밀고 나갈까 말까 망설이는 쥐처럼 애매한 태도를 취했느냐?"

여기서 「수서양단」이란 말이 나왔으며, 이런 한안국 같은 사람을 보고 '보신주의', '기회주의', '부화뇌동' 형이라고 하며, 한국병의 일종인 복지부동형이라고도 한다.

"소인들이 움직이는 거대한 기계가 딱 하나 있다. 그것은 바로 관료제도다"라고 한 발자크의 말처럼, 이런 관료조직 속에서 살아 남으려면 세 가지 원칙을 지켜야 한다고 제임스 보렌은 역설했다.

첫째, 책임을 지는 자리에 있을 때는 결단을 회피하라.
둘째, 말썽이 생겼을 때는 남에게 그 일을 위임하라.
셋째, 의심스러울 때는 머뭇거려라.

※ 발자크(1799~1850) : 프랑스의 소설가.

양치질할	돌	베개	흐를
漱	石	枕	流
수	석	침	류

돌로 이를 닦고 흐르는 물로 베개를 삼는다

수석(漱石) : 돌로 양치질을 함. 억지를 부린다는 뜻.

석상(石像) : 돌로 조각해 만든 상.

침류수석(枕流漱石) : 수석침류와 같은 뜻.

유수(流水) : ① 흐르는 물. ② 신속한 사물의 비유.

출전(出典) : 진서의 손초전.

222 고사성어 대백과

　진(晋)나라 사람인 손초(孫楚)가 친구인 왕제에게 속세를 떠나 초야에 묻히고 싶다는 심정을 털어놓으면서 그만, '돌을 베개로 삼고 골짜기에서 흐르는 물로 양치질을 하고 싶다'는 말을 착각해 「수석침류」라고 말해 버렸다. 이에 친구가 웃으며 그의 말을 꼬집었다.
　"어떻게 흐르는 물을 베개로 삼을 수 있으며 돌로 양치질을 한단 말인가?"
　그러자 당황한 손초는 임기응변으로 둘러댔다.
　"흐르는 물을 베개로 한다는 말은 자네의 옛날 은자(속세를 떠나 초야에 묻힌 사람)인 허유(許由)처럼 잡말을 들었을 때 귀를 씻으려는 뜻이고, 돌로 양치질을 한다는 말은 이를 닦겠다는 뜻일세."
　그 후 사람들은 남에게 지기 싫어해 억지고집을 부리는 사람을 비유해 「수석침류」와 같다고 빈정거렸다.

실언(失言)하지 않으려면 다음 다섯 가지를 명심하라. 첫째, 당신이 누구를 상대로 말하는가를, 둘째, 당신이 누구에 대해 말하는가를, 셋째, 어떤 식으로, 넷째, 어떤 때에, 다섯째, 어떤 장소에서 말하는가를.

영국의 물리학자 W.E. 노리스의 충고가 이 장에 썩 어울린다. 그러나 상식이 부족하기 때문에 어쩔 수 없이 실언하는 경우도 있다. 그 예를 들면 다음과 같다.

원자력은 가장 깨끗하고 가장 효과적이고 가장 경제적인 에너지원이며 환경 오염 문제도 없다.

이렇게 자신의 상식 부족을 공개적으로 선포한 사람은 바로 미국의 전 대통령 레이건이다.

여기서 필자가 레이건을 들먹거린 것은, 혹시 우리 정부 대변인이 이런 말을 하지 않을까 하는 노파심 때문에서다.

닦을	꾸밀	가장자리	폭
修	飾	邊	幅
수	식	변	폭

변폭을 닦고 꾸미다

수식(修飾) : ① 겉모양을 꾸밈. ② 수선함.
변폭(邊幅) : ① 올이 안 풀리게 짠 피륙의 가장자리 부분. ② 겉을 휘갑쳐서 꾸밈. ③ 포백(布帛)의 가장자리(베 종류와 비단 종류).

출전(出典) : 후한서의 마원전.

수식변폭(修飾邊幅)   225

　건무(建武) 4년, 신(新)의 왕망(王莽) 세력이 붕괴되면서 천하가 유수와 공손술(公孫述)의 세력다툼으로 양분되자, 서주의 상장군은 그들 중에 누구와 연합할 것인가를 탐색하기 위해 우선 공손술과 친한 사이였던 마원(馬援)을 공손술에게 보냈다.
　그러나 공손술을 만나러 갔던 마원은 크게 실망했다. 마원은 공손술이 자신을 반갑게 맞아 주리라 생각했었다. 그러나 자칭 황제라고 칭한 지 4년이 지난 공손술은 그를 바로 만나 주지 않다가 어느 날 화려하게 꾸민 상좌에 앉은 채로 겨우 만나 주었다. 그의 주위에는 군사들이 호위하고 있었고, 상좌 아래로는 좌우백관들이 양손을 모으고 서 있었다. 마원이 그를 만나기 위해 좌우백관들 사이로 나아가자 그가 거들먹거리며 말했다.
　"자네가 내 부하가 된다면 대장군을 시켜 주겠네."
　그러자 마원은 그 꼴이 보기 싫어 아무 대답 없이 자리에서 일어나 주위 사람들을 바라보며 말했다.

"지금 천하의 자웅은 아직 결정나지 않았다. 만약 천하를 잡으려 한다면 먼저 선비를 깍듯이 대우할 줄 알아야 하며, 식사 중이었다면 씹고 있던 음식물을 토해 내고 영접해야 할 것이다. 그런데 저 사람은 「수식변폭」으로 일관하고 있다. 그래서야 어디 천하의 현사(賢士)들을 곁에 머물게 할 수 있겠는가?"

그리고는 딱하다는 표정을 짓고 그곳을 떠났다.

그 후 마원은 유수를 만나 충성을 바쳤고, 공손술은 9년 뒤에 유수의 대공격에 휘말려 성도에서 끝장이 났다.

이 결과는 현대인의 「수식변폭」에 대한 충고인 동시에 건전하게 살아가는 보통사람들의 의식구조를 더한층 돋보이게 해준다. 그런 뜻에서 우리는, "쥐꼬리만한 허영심은 백 가지 장점을 망쳐 버릴 수 있다"는 W.G. 베넘의 말을 다시 한 번 명심할 필요가 있다.

물	고기	어조사	사귈
水	魚	之	交
수	어	지	교

물과 물고기 같은 교제

수어(水魚) : 물과 고기.
지교(之交) : …같은 교제를 말함.

출전(出典) : 삼국지의 제갈공명.

'비육지탄'으로 깨닫고 '삼고초려'로 제갈공명이란 용을 낚은 유비가 공명을 스승처럼 존경하고 침식을 같이하자 '도원결의'로 의형제를 맺은 관우와 장비가 시샘을 부리며 말했다.

"형님! 스물일곱 살밖에 안 된 젊은 사람에게 그토록 머리를 숙일 필요까지야 없잖습니까?"

그러자 유비가 그들에게 말했다.

"나에게 공명이 있는 것은 물고기에게 물이 있는 것과 같으니 앞으로 두 번 다시 투덜거리지 말게나."

이때부터 '군신수교', 「수어지교」하면 군주와 신하 사이가 끊을래야 끊을 수 없는 사이라는 뜻으로 간주됐으며, 지금은 군신 관계는 물론 '관포지교' 같은 우정을 표현할 때도 흔히 이 말을 사용하곤 한다.

수자부족여모(豎子不足與謀)

어린아이	아들	아니	족할	참여할	꾀할
豎	子	不	足	與	謀
수	자	부	족	여	모

부족한 어린 자식과는 더불어 일을 꾀할 수 없다

수(豎) : ① 더벅머리(관례를 치르지 않은 아이). ② 내시.
자식(子息) : ① 아들. ② 타인(남자)을 욕하는 말.
부족(不足) : ① 모자람. ② 만족하지 못함.
여건(與件) : 주어진 조건.
모사(謀事) : 일을 꾀함. 어떤 일을 계획함.

출전(出典) : 사기의 항우본기.

'건곤일척' 때 항우의 군사력은 40만으로 유방의 10만 군사력보다 절대적으로 우세였다. 그럼에도 불구하고 유방의 군세는 막강한 참모들의 책략에 힘입어 항우의 군사력과 비슷했다.

이에 항우의 모사꾼인 범증이 유방을 죽이기 위해 홍문연 잔치에 초대했는데, 지혜가 모자란 항우 때문에 완벽했던 계획이 모두 수포로 돌아가고 말았다.

이때 범증은 유방이 도망가면서 선물로 준 옥술잔을 칼로 깨뜨리면서 이런 말을 했다 한다.

"아, 수자부족여모로구나. 항우의 천하를 빼앗을 사람은 틀림없이 유방으로, 우리는 이제 그의 포로가 될 것이야."

그 후 범증의 말대로 유방은 천하통일을 이룩했고, 그 전에 그는 '걸해골'(1권 68페이지 참조)로 낙향 도중에 죽어, 현대의 항우 같은 경영자들에게 교훈을 남겨 주었다.

지킬	그루	기다릴	토끼
守	株	待	兎
수	주	대	토

그루터기를 지켜 토끼를 기다린다

수주(守株) : 그루터기를 지킨다는 뜻으로, 전례나 격식만 지키려는 어리석음을 비유하는 말.
주(株) : 나무(木)의 밑바탕(朱)을 이루는 뿌리(그루터기).
대토(待兎) : 토끼가 오기를 기다림.

출전(出典) : 한비자의 오두편.

송나라의 한 농부가 어느 날 밭을 갈고 있다가 어디선가 갑자기 토끼 한 마리가 뛰어나와 밭 가운데 있는 그루터기에 머리를 받쳐 죽는 것을 보고 신바람이 났다.

그 후 그 농부는 힘들게 농삿일을 하는 것보다는 편하게 토끼를 잡는 것이 이익이라 생각했다. 그래서 그는 농삿일을 내팽개치고 매일같이 그루터기만 지켜보며 먼저처럼 어디에선가 토끼가 나타나기만을 기다리고 있었다.

세상 사람들은 이 우화 중에 나오는 농부를 왕에 비유하였다. 즉 선왕(先王)의 묵은 정권을 그대로 이어받아 아무 발전 없이 현재의 백성들을 다스리려고 한다면 그것은 이 농부와 다를 바 없다는 뜻으로 이「수주대토」또는 '수주'란 말을 사용했던 것이다. 여기서 우리는 현대감각이 물씬 풍기는 한비사상을 엿볼 수 있다.

목숨	곧	많을	욕
壽	則	多	辱
수	즉	다	욕

오래 살면 살수록 그만큼 욕됨도 많다

수즉다욕(壽則多辱) : 오래 살면 곤욕도 그만큼 많이 겪게 마련임.

다욕(多辱) : 욕됨이 많음.

출전(出典) : 장자의 천지편.

어진 임금으로 유명한 요(堯)임금이 화(華)지방을 순회할 때 그곳을 지키고 있던 국경 경비원이 그에게 공손히 머리를 숙이며 말했다.

"성인(聖人)이시여, 만수무강하시옵소서!"

그러자 요임금이 의미심장한 미소를 지으며 말했다.

"나는 오래 살기를 바라지 않네."

"그러시다면, 부(富)가 더욱더 풍부해지시기를!"

"나는 부를 더하고 싶은 생각은 꿈에도 없다네."

"그러시다면, 자손이 번창하시기를 빌겠사옵니다."

"그것도 나는 바라지 않네."

이에 경비원이 이상하다는 듯이 요임금의 얼굴을 쳐다보고 웃으며 물었다.

"장수와 부귀와 자손 번창은 누구나 바라는 일인데, 임금님께서 바라시지 않는 이유는 무엇이온지요?"

수즉다욕(壽則多辱) 235

 "사내자식이 많으면 그 중에는 못난 자식이 있어 걱정거리가 되고, 부귀하면 부귀할수록 쓸데없는 일이 생기며, 장수하면 장수할수록 그만큼 욕됨도 많아지는 법이지."
 이는 나이가 들면 들수록 욕됨이 많이 생기게 되므로 자신의 행동을 조심하고 분수를 지키라는 교훈이다.
 그러나 이 우화를 연출한 장자의 생각은 이 교훈을 뛰어넘어 도(道)의 경지를 그린다. 그것은 곧 요임금의 말을 듣던 경비원이 실망과 경멸의 눈빛을 띠며 요임금에게 잘 들리지 않을 정도로 중얼거린 말에 있다.
 "쳇! 요임금은 성인이라고 들었는데 지금 한 말로 보아서는 군자 정도밖에 안 되는군. 자식이 많으면 각자 자기 분수에 맞는 직업을 갖게 하면 될 것이고, 부귀해지면 부귀해진 만큼 남에게 나누어 주면 될 것이고, 만수무강이 싫증나면 신선이 되어 저 흰구름을 타고 옥황상제의 나라로 가서 놀면 좋지 않겠는가.

그러면 병(病)과 노(老)와 사(死)의 삼환(三患)을 걱정할 필요가 없으니 장수한다고 해서 욕될 것이 없지."

장자는 이 우화로써 유가(儒家)의 대표적 모델인 요임금의 사상을 도가(道家)의 대표적 모델인 가공인물(국경 경비원)과 비교해 경지에 이른 도(道)의 참모습을 시사하려고 했던 것이다. 다시 말해, 그는 이 우화를 통해 유가에서 강조하는 인의 도덕을 군자 정도의 작위(作爲)로써 배척하고, 자연을 사랑하고 그 어떤 것에도 구속되지 않는 정신적 자유경지 세계를 표현하고자 했던 것이다.

이 장의 정의는 「수즉다욕」의 충고도 좋지만, 그보다는 이것을 넓게 포용할 수 있는 도의 정신에 있다.

물	맑을	없을	큰	고기
水	淸	無	大	魚
수	청	무	대	어

물이 너무 맑으면 큰 고기가 숨을 곳이 없다

수청(水淸) : 맑은 물. 청렴결백한 사람을 비유.
청렴(淸廉) : 마음이 깨끗하고 바름.
무대어(無大魚) : 대어가 숨을 곳이 없음을 비유.
대어(大魚) : 큰 고기.
어군(魚群) : 물고기 떼.

출전(出典) : 후한서의 반초전.

'불입호혈부득호자', 쉽게 말해 "호랑이 새끼를 잡으려면 호랑이 굴에 들어가야 한다"는 말로 유명한 반초(班超)가 서역에서 외교업무를 성공리에 끝마치고 귀국했을 때였다.

반초의 후임으로 임명된 임상(任尙)이란 사람이 사무관계 인수차 반초를 방문해 서역을 통치하는 방법에 대해 자문을 구하자 반초는 이렇게 충고했다.

"물이 너무 맑으면 대어가 숨을 곳이 없듯이 자네는 너무 원리원칙만 따지는 행동을 하네. 그런 처세술을 고치면 자네는 성공할 수 있을 걸세."

이 장은 사람이 너무 엄하기만 하면 따르는 사람이 없음을 간접적으로 표현한 것으로, 정치하는 사람들의 마음가짐에 일침을 가한다.

중국어에 장관(贓官)과 청관(淸官)이라는 말이 있는데, '장관'은 뇌물을 받는 정치가를 말하고, '청관'은 뇌물을 받지 않는

수청무대어(水淸無大魚)   239

청렴한 정치가를 말한다.

이 두 가지 유형을 놓고 어느 쪽이 더 좋으냐고 묻는다면 한국인들은 대부분 '청관' 쪽을 택할 것이지만, 중국인들의 사고방식은 중용사상에 따라 중립을 지킨다. 그 이유는, 청관이라고 해서 반드시 100% 선(善)이라고 볼 수 없다는 것이다. 다시 말해, 장관은 항상 뒤가 켕기기 때문에 남에게 관용을 베풀지만, '청관'은 항상 자신만만하기 때문에 남에게 엄격하게 대한다는 것이다. 이것은 물론 역설적이지만 재미있는 견해다.

"청관(淸官)은 자손이 고생하고, 맑은 물에는 고기가 살지 않는다"는 중국 속담이 이 장을 대변한다면, "청렴한 상사 밑에 있는 부하들은 살이 안 찐다"는 속담은 보통 한국인의 심정을 대변한다고 볼 수 있겠다.

입술	잃을	이빨	찰
脣	亡	齒	寒
순	망	치	한

입술이 없으면 이빨이 시리다

순망(脣亡) : 입술이 없어지면…….
망조(亡兆) : 망할 징조.
치한(齒寒) : 이빨이 시리다.
한랭(寒冷) : 춥고 차가움.

출전(出典) : 춘추 좌씨전의 희공 5년조.

순망치한(脣亡齒寒) 241

춘추시대 초, 진(晋)나라의 헌공이 괵나라를 칠 야심으로 우(虞)나라 왕에게 진귀한 선물과 형제의 우의를 내세우며, 우나라를 통과해 괵을 공격할 수 있도록 길을 빌려 달라고 간청했다.

그러자 진나라의 속셈을 정확하게 꿰뚫어보고 있던 충신 궁지기(宮之奇)가 왕에게 말했다.

"괵나라가 망하면 우리나라도 곧 망하게 될 것이옵니다. 수레의 짐받이 판자와 수레바퀴는 서로 의지하고, 입술이 없어지면 이빨이 시리다는 속담은 바로 우리나라와 괵나라 관계를 두고 한 말이옵니다. 고로 진나라의 군사에게 길을 빌려 주어서는 절대로 아니 되옵니다."

그러나 이미 뇌물과 감언이설에 현혹된 우왕의 귀에는 궁지기의 말이 '마이동풍'이었고, 결국 그는 진나라의 청을 받아들여 길을 빌려 주었다.

이에 궁지기는 후환이 두려워 가족을 데리고 다른 나라로 떠

나면서 이렇게 말하였다.
"우나라는 올해를 넘기지 못할 것이다."

그의 판단은 적중했다. 그의 예언대로 그해 말 우나라는 괵을 정복하고 돌아오던 진나라의 군에 의해 멸망하고 말았던 것이다.

이때부터 입술과 치아의 관계처럼 결코 끊어서는 안 될 관계에서 자신의 이익을 위해 한쪽을 버리는 행동을 「순망치한」이라고 했다.

순치(脣齒)는 입술과 이빨을 뜻하는데, 여기서 입술이 떨어져 나간 모습을 상상해 보자. 상상만 해도 소름이 끼친다. 자기가 국가이고 입술이 정치방패이며 이가 국민이라고 볼 때 정치혼란으로 입술이 터져 없어졌다면 그 고통은 누가 당하게 될까?

지을	말 이을	아닐	지을
述	而	不	作
술	이	부	작

저술한 것이지
창작한 것이 아니다

술작(述作) : ① 전인(前人)의 설(說)을 논술하는 일과 새로운 설을 창
　　　　　　작하는 일. ② 저작. 저술.
이(而) : 자(字)의 접속역할을 함.
부작위(不作爲) : 행위를 하지 않음.
작가(作家) : 작품을 만드는 사람.

출전(出典) : 논어의 술이편.

공자 왈(曰), 나는 옛사람의 설(說)을 저술했을 뿐 창작은 하지 않았다. 그러나 옛것을 좋아하는 것만큼은 노팽(은나라의 현인)과 비교할 수 있다.

공자의 이 말은 겸손에서 나온 말이다.

나의 학문적 성과는 과거의 위대한 사람들의 업적을 발판으로 해서 얻어진 것이다.

근대과학의 바탕을 마련한 위대한 과학자 뉴턴의 말처럼 고전과 창작의 관계는 경우에 따라선 작(作)이 될 수도 있고 술(述)이 될 수도 있다. 저술이 없는 창작이란 있을 수 없다는 뜻이다.

승패병가상사(勝敗兵家常事)

勝	敗	兵	家	常	事
이길	패할	군사	집	항상	일
승	패	병	가	상	사

승패는 병가에 항상 있는 일이다

승패(勝敗) : 승리와 패배.
패배(敗北) : 싸움에 짐.
병가(兵家) : ① 병법에 밝은 사람. ② 전술·전략을 논하는 학파(손자·오자 등등).
상례(常例) : 두루 있는 사례.
사례(事例) : 일의 선례(先例).

출전(出典) : 당서의 배도전.

일승일패는 병가(兵家)의 상사(常事)다.

이 말은 당나라 황제가 전투에서 패하고 온 배도(裵度) 장군을 위로한 말이며, 아울러 「승패병가상사」란 말은 고전 역사서에 자주 인용되는 말이기도 하다. 실패의 철학인 셈이다.

그런 뜻에서 슐러의 실패철학을 인용해 보자.

나는 국가에서 '가장 영광스런 실패'라는 상을 제정하기 바란다. 그리고 해마다 극복하기 어려운 문제에 도전했다가 실패한 주인공을 물색해 그 상을 시상했으면 좋겠다. 물론 실패한 사람들이 완전히 실패한 것이 아니라는 것을 잘 알고 있으니까. 그들은 오히려 개선용사들처럼 성공한 사람들인 셈이다.

탈	흥취	올
乘	興	來
승	흥	래

흥취에 따라 오르고
흥취에 따라 간다

승객(乘客) : 비행기나 차 등을 탄 손님.
흥취(興趣) : 재미. 흥겨운 정취.
내력(來歷) : 겪어 지나온 자취.

출전(出典) : 세설신어의 임탄.

동진(東晉) 사람인 왕휘지(王徽之)는 대서예가 왕의지의 아들로서 아버지의 풍류 기질을 이어받아 세속적인 일은 멀리하며 혼자만의 풍류를 즐겼다.

어느 날 밤 그는 달이 떠 있는 경치에 도취해 술을 마시다가 문득 서로 마음이 잘 통하는 친구 대규를 떠올리고 즉시 배를 타고 그를 만나러 떠났다.

그러나 그는 도중에 흥이 식어 친구를 만날 기분이 없어지자 뱃머리를 돌리게 했다.

옆에 있던 사람이 그 이유를 묻자 그는 이렇게 대답했다.

"흥취에 따라 오르고 흥취에 따라 갔으니 자연 흥이 없어지면 만날 필요가 없지 않겠는가?"

이처럼 이 고사는 일시적인 기쁨은 오래 가지 않는다는 뜻이었으나, 지금은 흥취에 미쳐서 온다는 뜻으로 사용되기도 한다.

시동	자리	정성	먹을
尸	位	素	餐
시	위	소	찬

시동의 공짜밥

시위(尸位) : 시위의 시(尸)는 시동(尸童)을 말하며, 시동의 뜻은 본문에 나온다.
위패(位牌) : 사찰 등에 모시는 신주의 이름을 적은 패.
소찬(素餐) : 맛없는 반찬.

출전(出典) : 한서의 주운전.

　옛날 중국에는 조상에게 제사를 지낼 때 그 조상의 혈통을 이어받은 어린아이를 조상의 신위(神位)에 앉혀 놓는 풍습이 있었는데, 그 아이를 시동(尸童)이라 한다(시위의 시(尸)는 시동을 뜻한다).
　이런 풍습은, 철모르는 어린아이의 입을 통해 영혼으로 하여금 먹고 싶은 것을 마음대로 먹을 수 있게 하려는 원시적인 신앙에서 기인된 것으로, 허심탄회하게 받아들이면 된다.
　그리고 '소찬'은 맛없는 반찬을 뜻하고 공짜로 먹는다는 뜻이니, 「시위소찬」이라 함은, '시동의 공짜밥'이 되며, 이것을 현대식으로 빈정거린다면, 하는 일 없이 국가의 녹을 축내는 정치인에 비유할 수 있다.
　금뱃지의 위력은 정말 대단하다. 일단 금뱃지를 달게 되면 명예와 함께 여러 가지 특권이 따르기 때문이다. 헌법상 면책 특권과 불체포 특권이 주어지고, 장관 부럽지 않은 위치에서 군림

한다.

특히 우리나라 금뱃지 국회의원의 경우 경제적 혜택도 최상급 수준이다. 미국 하원 사무처의 통계에 따르면(93년도 기준), 우리나라 금뱃지 의원들의 세비와 기타 혜택을 합친 총액 규모는 미국과 일본에 이어 3위에 랭크될 정도다.

우리의 국력이나 경제 규모로 보아 깜짝 놀랄 정도의 대우다. 이렇게 세계 어느 나라 국회의원보다도 분수에 넘치게 국민들의 세금을 많이 축내면서도 제대로 그 역할을 못 한다는 것은 시동이 공짜밥을 먹는 것과 조금도 다를 바 없을 것이다.

그리고 우리의 공무원들도 상황은 비슷하다. 그 예를 들어, 공직자들이 물러날 때 보면 대부분 대과(大過)없이 퇴직하게 되는데, 그들은 이것을 천만다행으로 생각한다는 점이다. 좀더 구체적으로 말하자면, 대과가 없었다는 것은 바로 그 동안 한 일도 없이 공짜밥만 먹었다는 것과 같다는 얘기다. 이 얼마나 한

심한 노릇인가.

70년대 미국 재무부 부서의 한 말단 직원이 너무 심하게 농땡이를 치자 당시 재무부 차관이 그 직원을 쫓아내려고 몇 년 동안 온갖 계책을 다 동원했지만 오히려 자기가 먼저 쫓겨났다는 유명한 에피소드가 있듯이, 미국의 공무원 신분보장은 철저하다.

그들은 별로 일을 열심히 하지 않았다. "공무원의 숫자는 업무량과 관계없이——때로는 일이 없어도——일정한 비율로 늘어간다"는 파킨슨의 제일법칙이 설득력있게 들렸을 정도로 그들은 무능했다.

그러나 1980년대 초, 연방 관제사들의 파업 때 그들이 큰코를 다친 적이 있다. 설마 너희가 우리를 쫓아내겠느냐는 식으로 불법파업을 감행했다가 당시 레이건 대통령에 의해 여지없이 파면되었으며, 이들을 대신해 정부는 외부에서 대체인력을 조달해 관제업무를 보게 했던 것이다. 결국, 얼마 후 그들은 완전히 백

시위소찬(尸位素餐) 253

기를 들면서 개망신을 당했다.

그 후 이 사건으로 인해 불법파업에 쐐기를 박게 됐고, 고용주의 대체 고용권을 확립시킴으로써 미국의 파업 건수가 무려 6분의 1로 줄었다 한다.

이 사건이 여러 가지 면에서 노사 관계의 새로운 장을 연 것으로 평가되었듯이, 우리도 1995년 5월 중순에 발생했던 한국통신의 불법파업에 쐐기를 박는 것을 끝으로 노사 관계의 새로운 장이 열리기를 기대해 보자.

볼	당신	벼룩	이
視	子	蚤	蝨
시	자	조	슬

당신 보기를 조슬처럼 볼 것이오

시계(視界) : 한눈에 볼 수 있는 범위.
자(子) : ① 상대자의 호칭. ② 아들. 자식. ③ 남자의 통칭.
조슬(蚤蝨) : 벼룩과 이.

출전(出典) : 한비자의 설림상편.

시자조슬(視子蚤蝨)   255

자어라는 자가 공자를 송나라 재상에게 소개한 다음 공자의 인물 됨됨이가 어느 정도냐고 묻자 재상이 이렇게 말했다.

"공자를 보고 난 뒤에 당신을 보니 당신은 마치 조슬(벼룩과 이)처럼 작게 보이네. 공자를 곧 왕에게 소개할 생각이네."

그러자 소인인 자어는 공자가 자기보다 더 좋게 평가될 것이 두려워 재상에게 이렇게 말했다.

"만약 재상께서 공자를 왕에게 소개한다면 왕 또한 재상을 조슬처럼 생각할 것입니다."

이 말을 듣고 재상은 자신에게 미칠 손해를 생각하고 공자를 왕에게 소개하지 않았다 한다.

한비자는 여기서 인간이란 누구나 자신에게 해가 되는 일이라면 절대로 하지 않는다는 것을 강조했으며, 한비의 이런 악의 철학은 현대에도 그대로 통용되고 있다. 고로 한비자는 악의 참고서인 셈이다.

밥	적을	일	번거로울
食	少	事	煩
식	소	사	번

먹는 것은 적고 번거로운 일은 많고

식소(食少) : 먹는 것이 적음. 소식(少食).
소량(少量) : 적은 분량.
사무(事務) : ① 주로 문서 등을 처리하는 일. ② 다루는 일.
번다(煩多) : 번거롭게 많음.

출전(出典) : 삼국지.

식소사번(食少事煩) 257

삼국지의 후반전, 제갈공명과 사마중달이 서로 대치하고 있을 때 공명의 사자가 중달을 찾아와 약올리기 작전을 펼쳤으나 중달은 마이동풍 작전으로 시종일관하다가 지나가는 말로, "공명께선 잘 계신가?" 하고 물었다. 그러자 사자는 자랑 삼아 떠들었다.

"승상께선 20대 이상의 태형에 해당되는 범법 행위는 손수 판결을 내리시고 식사는 적게 하십니다."

이에 중달이 "식소사번이군. 그렇게 하다가는 오래 살지 못할 텐데……" 하며 오히려 걱정해 주었는데, 그 걱정은 과연 현실로 나타났다. 공명이 「식소사번」으로 인해 건강이 악화돼 오장원에서 54세의 나이로 죽은 것이다.

이 고사는 일 욕심으로 인해 건강을 해쳐 사망한 40~50대의 사망율이 세계적으로 높은 한국인들에게 시사하는 바가 크다. 「식소사번」에는 천하의 공명도 못 당했다는 것을 명심하기 바란

다.

　제갈공명의 사망 원인은 일하는 스타일과 관계가 많다. 그는 유비가 죽자 무능한 유선(유비의 아들)을 대신해 국정을 다스리면서 자신의 건강은 뒷전으로 미루고 모든 일을 스스로 처리하며 국정의 구석구석까지 참견하는, 그야말로 꼼꼼하게 챙겨야 직성이 풀리는 성격의 소유자였던 것이다.

　1950년대 미국의 심자학자 프리드먼과 로젠먼 박사는 심장질환으로 사망한 사람에 대한 연구 결과, 단순한 식생활 문제 이외에 행동양식에도 어떤 공통점이 있다는 것을 발견했는데 여기에 공명도 해당된다.

　공명처럼 강한 추진력과 공격적인 성격에 책임감이 강해 어떤 일이든 자신이 직접 처리해야 안심하는 성격을 가진 사람들은 심장병에 빨간 불이라는 것이다.

밥	말씀
食	言
식	언

말(言)을 먹다

식언(食言) : 약속한 말을 지키지 않음.
언약(言約) : 말로 약속함. 또는 그 약속.

출전(出典) : 춘추 좌씨전.

춘추시대의 노나라 애공(哀公)이 계강자(季康子), 맹무백(孟武伯) 등과 축하연에서 농담을 하고 있었다.

맹무백이 애공의 측근인 곽충을 보고 몸이 굉장히 뚱뚱하다며 놀리자 애공이 말했다.

"이 사람은 말을 많이 먹으니까 살이 찔 수밖에."

이 말은 곧 현대판 망언(妄言)에 해당하며, 이 망언으로 인해 개망신을 당하는 경우가 적지 않다. 그 한 예로, 1995년에 있었던 전 교육부 장관의 망언 파동이 그것이다.

6.25는 동족간의 분쟁이며, 월남전은 용병으로 참여했으므로 올바른 전쟁의 명분을 갖지 못했다는 것이 그녀(전 교육부 장관)의 주장이었다.

이에 한국 전쟁을 전공한 한 관계자는, 김 장관의 말대로라면, 만약 북한이 또다시 남침하면 싸우지도 말고 항복하라는 것밖에 되지 않는다며 그녀의 발언은 해임으로 끝낼 게 아니라 보안법

식언(食言) 261

으로 따져야 한다고 했었다. 이 사건을 해임 정도 선에서 마무리 지으면 국가 안보의 기본이 흔들릴지도 모른다는 주장이었다.

그리고 이로 말미암아 남성 우월주의 사상인 '빈계지신'(2권 119페이지 참조)론이 다시 고개를 들어 죄없는 여자들까지도 도매금으로 희생물이 되었던 것이다.

그녀는 아마 「식언」의 정의처럼 밥(말)을 너무 많이 먹어 소화를 시키지 못하고, 속된 말로 설사에 피바가지까지 쓴 꼴이 되었던 것이다.

알	글자	근심	근심
識	字	憂	患
식	자	우	환

글자를 아는 것이
오히려 걱정을 끼치다

식자(識字) : 글자를 아는 것.
자해(字解) : 글자의 뜻풀이. 문자의 해석.
우환(憂患) : 근심.
환우(患憂) : 근심함. 근심.

출전(出典) : 삼국지.

식자우환(識字憂患) 263

　유비에게 잠자는 용(제갈량)을 소개했던 서서(徐庶)가 유비의 참모로서 조조를 괴롭히자, 조조는 모사꾼인 정욱의 계략에 따라 자신의 세력권 안에 살고 있는 서서 어머니의 글씨를 모방해 서서를 끌어들였다.
　후에 이 사실을 안 그의 어머니는 자식이 유비를 버리고 조조를 택하게 된 것은 자신에 대한 아들의 효심과 조조가 자기 글씨를 모방해 아들에게 거짓편지를 쓸 수 있도록 자신이 글을 쓸 줄 알았기 때문이라며 여자의 「식자」를 한탄했다고 한다.
　서서 어머니의 사고방식을 현대인들은 이해해야 한다. 그 당시에는 여자가 너무 똑똑하면 안 된다는 남존여비사상이 팽배해 여자에게는 글도 잘 가르치지 않았기 때문이다.
　그런데 이 무슨 해괴한 일인가? 현대에도 여자의 「식자」로 인해 남성우월주의자들로부터 비웃음을 당한 여자가 있으니 말이다(전장을 필히 참고).

밥	손가락	움직일
食	指	動
식	지	동

식지(집게손가락)가 움직이다

식지(食指) : 집게손가락. 검지. 인지.
지동(指動) : 손가락이 움직이는 것.
동작(動作) : 몸의 움직임. 행동.

출전(出典) : 춘추 좌씨전의 선공 4년조.

식지동(食指動) 265

초나라의 어떤 사람이 정영공(鄭靈公)에게 큰 자라를 바치자 영공은 그 자라로 죽을 끓여 신하들에게 나눠줄 생각으로 요리사에게 자라죽을 끓이게 했다.

이때 요리사가 죽을 끓이는 것을 보고 조회에 참석한 자공(子公)과 자가(子家)가 의미심장한 웃음을 지었다. 정영공이 그 이유를 묻자 자공이 말했다.

"그 이유는 제가 조회에 참석하기 전에 저의 식지가 움직였기 때문입니다. 이 식지가 움직이면 그날은 틀림없이 별미를 먹게 되기 때문이지요."

그러자 정영공은 장난기가 발동해 다른 사람에게는 자라죽을 주면서 자공에게는 주지 않고 이렇게 말했다.

"아무리 식지가 움직여도 과인이 주지 않으면 어쩔 수 없을걸?"

이에 큰 모욕감을 느낀 자공은 자라죽 솥으로 달려가 식지를 솥에다 집어넣었다가 뺀 후 식지를 빨고는 "내 예감은 틀림없지

요" 하며 퇴정해 버렸다.

자공의 이런 불손한 태도에 화가 난 정영공은 그를 죽이려고 계책을 세웠으나, 오히려 암살음모에 불안감을 느낀 자공의 역습에 살해당하고 말았다.

이때부터 「식지동」하면 음식이나 사물에 대한 욕망과 야심을 뜻하며, 이 고사에 잘 나타나고 있듯이 먹는 음식으로 장난을 치면 안 된다는 의미도 포함되어 있다.

그런데 한국인의 음식문화는 어떤가? 천인공노할 불량식품 때문에 먹는 것조차 불안하다. 그만큼 우리 주위에는 불량식품이 너무나 많다는 것이다.

"사람이 먹는 음식을 가지고 장난질치는 자는 공개처형해야 마땅하다", "불량식품을 만든 장본인에게는 그 죄만큼 자기가 만든 음식을 먹여야 한다"는 등의 극언을 하는 소비자들의 분노를 나무랄 수만은 없다.

신출귀몰 (神出鬼沒)

귀신	날	귀신	숨을
神	出	鬼	沒
신	출	귀	몰

귀신같이 나타났다 귀신같이 사라지다

신출(神出) : 귀신같이 나타났다가,

귀몰(鬼沒) : 귀신같이 사라진다는 뜻으로, 자유자재로 출몰해 그 소재를 확인할 수 없는 귀신 같은 사람을 비유함.

출전(出典) : 회남자의 병약훈.

회남자(淮南子)란 전한(前漢)시대의 학자 유안(劉安)이 남긴 철학서.

교묘한 행동은 신출귀행(神出鬼行 : 신이 나타나고 귀신이 돌아다니는 것)처럼 별과 같이 빛나고 하늘과 같이 운행하는 것이다.

이 고사의 모태라 할 수 있는 병약훈(兵略訓)은 도가사상을 기본으로 전략을 논한 것으로서, 아군의 계략과 진영을 짜는 일, 그리고 군대의 세력과 병기의 규모가 적에게 노출되지 않도록 '신출귀행'처럼 교묘한 작전을 펼치라는 뜻이다.

여기서 사용된 '신출귀행'이 이 장의 제목인「신출귀몰」로 채택된 것은 당희장어(唐戲場語)의 "두 머리에 세 얼굴의(兩頭三面) 귀신이 나타났다가 귀신같이 사라졌다(神出鬼沒)"라는 귀절에서 유래된 것이며, 현대인들은 흔히 귀신처럼 동에 번쩍 서에 번쩍 나타났다가 별안간 남쪽과 북쪽에 나타나 사람을 어리둥절하게 만든 다음 종적도 없이 사라지는, 이른바 기인(奇人) 기질이 다분한 사람을 보고「신출귀몰」에 비유한다.

신출귀몰(神出鬼沒) 269

  그런가 하면 이런 「신출귀몰」형도 있다. 그 주인공은 이미 죽어 귀신이 된 김일성(金日成)이다.
  김일성은 왜정시대 때 만주벌판에 「신출귀몰」하면서 1백 리 간격으로 있는 3명의 왜놈 장수 목을 동시에 베었고, 그가 휘파람을 한 번 불면 1백 리 안에 있는 말들이 모조리 몰려들며, 또한 그는 일본군이 쏜 대포알을 손바닥으로 막아 쏜 곳으로 되돌려보내 폭발시켰으며, 항상 손오공이 지니고 다니던 여의봉을 갖고 다녔다는 등등, 그야말로 귀신 같은 얘기다.
  물론, 이런 귀신 같은 얘기는 당시 일본 정부가 조사했던 김일성에 대한 유언비어다.
  이승에 떠도는 넋을 흔히 원귀(寃鬼)라고 한다. 사람이 죽으면 그 영혼이 신(神)이 되거나 귀신(鬼神)이 된다는 것이다. 불교에서는 죽음을 자각한 혼은 이승에 약간의 미련을 남기지만 할 수 없이 저승길로 떠나는데, 자신의 죽음을 인식하지 못하는 혼은

이승을 떠돌아다닌다고 본다.

즉 원귀란 죽었는데도 살아 있는 것으로 착각하는 귀신을 두고 한 말인데, 아마 김일성 귀신도 여기에 해당될 것이다. 살아 있을 때 워낙 「신출귀몰」했고 귀신 같은 행동으로 수십 번 죽었다가 살아났기 때문이다.

그래서 지금쯤 아마 김일성 귀신은 자신 때문에 억울하게 죽은 귀신들에게 혼쭐이 나고 있는지도 모른다.

참	일	구할	옳을
實	事	求	是
실	사	구	시

진실된 일로써 옳은 것을 찾다

실사(實事) : 사실로 있는 일. 실제의 일. 사실(事實).

사필귀정(事必歸正) : 모든 일은 반드시 옳은 데로 돌아감.

구도(求道) : ① 바른 도리를 구함. ② 불도를 구함.

시정(是正) : 바로 잡음.

출전(出典) : 한서의 하간헌왕덕전.

학문을 닦아 옛것을 좋아하며 진실된 일로써 옳은 것을 찾아라(「실사구시」).

한서의 하간헌왕덕전에 나오는 이 말의 뒷부분을 따다가 새로운 자세로 학문을 요구한 것이 현대판 「실사구시」 운동이었으며, 이 「실사구시」 운동은 청조(靑朝)의 고증학파가 공론(空論)만 일삼는 양명학(陽明學)에 대한 반동으로 내세운 표어다.

그리고 시대가 바뀌면서 이 「실사구시」 운동은 모택동 사상의 출발점이 되었으며, 이것을 이용해 모택동은 반대파를 숙청했고 그 뒤를 이어 등소평 또한 모택동의 「실사구시」 운동을 택해 언론탄압용 무기로 사용했다.

그는 실제에서 출발해 이론과 실천을 결합하는 방법으로 과거의 경험을 종결짓고, 보다 새로운 역사조건을 분석해 끌어나간다면 모든 문제를 해결할 수 있다고 본 것이다.

마음	원숭이	뜻	말
心	猿	意	馬
심	원	의	마

마음은 원숭이, 뜻은 말처럼

심원(心猿) : 마음은 원숭이.
의마(意馬) : 뜻은 말과 같다는 뜻.

출전(出典) : 당나라 석두대사의 참동계.

　마음은 원숭이 같고 생각은 말(馬)과 같다. 원숭이는 잠시도 가만히 있지 못하는 성질이 있고, 말은 달리는 성질이 있으므로 신기(神氣)가 밖으로 어지럽게 흩어진다.

　이「심원의마」는 불교경전에 나오는 말로, 사람이 번뇌로 인해 잠시도 마음과 생각을 컨트롤할 수 없다는 것을 원숭이와 말에 비유한 것이다.
　당나라의 석두대사(石頭大師)가 이 말에 주석을 달았는데, 이와 비슷한 우리나라 속담으로는 "중이 염불에는 관심 없고 잿밥에만 신경을 쓴다"라는 말이 있다.
　어디 그뿐이겠는가. '교언영색(1권 179페이지 참조)'을 당연하게 생각하는 비즈니스맨들과 사이비 학자들의「심원의마」는 보는 사람으로 하여금 얼굴을 찡그리게 만든다. '실사구시'로써 이들을 추방해야 할 것이다.

아로 시작되는 고사성어

※ 본문의 ★표는 교육부가 선정한 필수 고사성어임.

기러기	편지
雁	書
안	서

기러기 편지

안서(雁書) : 기러기 편지. 멀리서 전해 온 반가운 편지. 현재는 보통 편지라는 뜻으로 사용됨.
서신(書信) : 편지.

출전(出典) : 한서의 소무전. 18사략.

278 고사성어 대백과

　한무제(漢武帝) 때 포로교환 사절단으로 오랑캐 땅에 갔다가 오랑캐의 내분으로 인해 포로가 된 소무(蘇武)는 북해(바이칼호) 부근의 인적도 없는 삭막한 곳에서 양을 키우며 귀양생활을 하고 있었다.
　그 후 세월이 흘러 무제가 죽고 소제(昭帝)가 제위에 오르자 사신을 파견하여 소식불명이 된 소무를 돌려 달라고 요구했다. 그러나 오랑캐 왕은 "소무는 이미 죽고 없다"고 대답했다.
　그러나 그날 밤, 소무와 함께 억류된 적이 있는 사람 하나가 한나라 사신이 묵고 있는 숙소로 은밀히 찾아와 소무를 찾는 묘책을 일러주었다.
　그 다음날 사신들은 왕을 찾아가 말했다.
　"어느 날 저의 황제께옵서 사냥을 나가셨다가 기러기 한 마리를 잡으셨는데, 그 다리에 비단 헝겊이 매여 있어 풀어본즉 북방의 소무로부터 온 편지였습니다."

안서(雁書) 279

1994년 10월 28일. 김영삼 대통령이 국군 수도 통합병원에 입원중인 조창호 씨를 찾아가, 눈물을 흘리는 조씨의 손을 잡고 위로하고 있다.

그리고는 소무의 송환을 강경하게 요구하자 왕은 깜짝 놀라며 급히 사람을 보내 소무를 데리고 와 사신들에게 인계했다. 왕은 사신들의 거짓말에 속았던 것이다.

이렇게 해서 소무는 무려 19년 만에 꿈에 그리던 고국 땅으로 돌아가게 되었다.

그 후 이 고사가 근원이 되어 편지를 「안서」라고 말했으며, 더불어 안백(雁帛), 안찰(雁札), 안신(雁信), 안편(雁便)도 '기러기 편에 보내는 글'이라는 뜻으로 사용됐다.

그런 의미에서, 6.25 때 북에 43년 동안이나 포로로 잡혀 있다가 극적으로 탈출해 남한의 품에 안긴 조창호 씨에게 기러기 편지를 띄우자, 빠삐용처럼 질긴 그의 생명력과, 탈출을 향한 집념은 이 장의 정의에 대한 대변인으로서 조금도 손색이 없을 것이다.

눈	가운데	어조사	못
眼	中	之	釘
안	중	지	정

눈 속의 못

안중(眼中) : ① 눈의 속. ② 늘 염두에 두는 일.
중정(中正) : ① 치우치지 않고 올바름. ② 한가운데.
지(之) : ① 가다. ② 이, 그(대명사). ③ 어조사.
정(釘) : ① 못 정. ② 못 박을 정.

출전(出典) : 오대사보(五代史補).

안중지정(眼中之釘) 281

당나라 말엽의 조재례(趙在禮)는 혼란기를 틈타 백성들로부터 닥치는 대로 긁어 모은 돈으로 권력자들을 매수해 후양(後梁), 후당(後唐), 후진(後晉), 삼대에 걸쳐 각지의 절도사를 역임한 '가렴주구'의 주인공이었다.

그런 그가 송주(宋州)에서 영흥절도사로 옮겨가게 되자 송주 백성들은 "놈이 우리 송주를 떠나니 마치 눈에 박힌 가시가 빠진 것처럼 속이 시원하구나" 하며 너무 기쁜 나머지 우는 사람까지도 있었다.

이 소문을 들은 조재례는 송주 백성들에게 앙갚음을 하기 위해 조정의 권력자에게 뇌물을 바치고 송주 근무를 1년 더 연장해 줄 것을 간청했다. 이렇게 해서 다시 송주로 돌아온 그는 즉시 송주 주민 모두에게, 1년 안에 돈 1천 전(錢)씩을 발정전(拔釘錢)이란 명목으로 바치라고 명령했다.

"너희들의 눈에 박힌 가시를 빼내려거든 1천 전씩을 내라. 그

러면 내가 이곳을 깨끗이 떠나 주마."

　조재례의 노골적인 가렴주구에 송주 백성들은 울며 겨자먹기 식으로 세금을 낼 수밖에 없었으며, 여기서 조재례를 빗대「안중지정」이란 말이 유래됐다 한다. 공자가 말한 "포악한 정치와 관리들의 가렴주구는 호랑이보다도 더 무섭다"는 '가정맹어호'가 실감나는 순간이었다.

　부정부패는 옛날이나 지금이나 중국이나 우리나라나 선진국이나 후진국이나간에 항상 따른다. 그러나 지금은 관리들이 이 장의 주인공 조재례처럼 노골적으로 가렴주구를 일삼지는 않는다. 그 대신 비공개적으로 은밀히 국민들의 눈에 대못을 박는 자들이 많다. 그래서 어떤 사람들은 이런 자들을 공개처형으로 다스려야 한다고 흥분하기도 하는데, 그 심정 이해할 만하다.

어두울	가운데	찾을	찾을
暗	中	摸	索
암	중	모	색

어둠 속에서 손으로 더듬어 찾다

암중(暗中) : 어두운 가운데.
모색(摸索) : 손을 더듬어 그 무엇인가를 찾는 것(옛사람의 글귀를 뜻도 모르면서 인용하는 일).
색출(索出) : 뒤져서 찾아냄.

출전(出典) : 수당가화(隨唐佳話).

　당나라의 허경종(許敬宗)은 학자이며 재상까지 지낸 인물이었으나 그에게는 한 가지 결점이 있었다.
　그는 어찌된 셈인지 세상사에 대해 별로 아는 것이 없을 뿐만 아니라 사람들을 여러 번 만나도 상대를 잘 기억하지 못하는 버릇이 있어 주위 사람들로부터 욕을 얻어먹기가 일쑤였다. 그럴 때마다 허경종은 그들에게 다음과 같이 큰소리를 치곤 했다.
　"이 세상에 잘 알려져 있지 않은 보통사람들의 얼굴을 기억한다는 것은 쓸데없는 정력소비다. 그 대신 문답의 대가인 하손, 유효자, 심약, 사조와 같은 인물들은 어둠 속에서 손으로 더듬어서라도 기억할 수 있지."
　어떤 사람이 공자에게 말했다.
　"세상에 이렇게 건망증이 심한 사람도 있습니까? 아 글쎄, 이사를 가면서 자기 아내를 잊어버리고 갔다지 뭡니까?"
　그 말을 듣고 나서 공자는 이렇게 대꾸했다.

암중모색(暗中摸索) 285

"그 옛날 걸과 주라는 폭군은 아내는 고사하고 자기 자신까지도 잊고 있었다네."

이렇게 공자님 말씀까지 들먹일 필요 없이, 지금도 우리는 자기 자신을 잊고 사는 사람들을 주위에서 얼마든지 볼 수 있다. 금방이라도 모든 걸 해결할 것처럼 철썩같이 약속했다가 세월이 조금 지나면 언제 내가 그랬냐는 식으로 잊고 만다. 특히 정치인들의 공수표가 그러하다.

그러나 흔히 이런 종류의 사람들은 남에게 갚아야 할 돈과 약속은 잘 잊어버리지만, 자신이 받아야 할 돈이나 상대방이 자신한테 약속한 것은 절대로 잊지 않는다. 그것은 곧, 갚기보다는 받고 싶어하는 무의식적 욕망 때문이라고 정신분석학자들은 말한다. 그래서인지 이「암중모색」의 뜻도 '상대가 눈치채지 않게 조사하는 것'으로 약간 변질됐다.

재앙	미칠	못	고기
殃	及	池	魚
앙	급	지	어

재앙이 연못의 고기에까지 미치다

앙급(殃及) : 재앙이 미치다.
급기야(及其也) : 필경에는.
지어(池魚) : 연못 속의 물고기.
어족(魚族) : 어류.

출전(出典) : 여씨춘추의 필기편.

앙급지어(殃及池魚) 287

　춘추시대 송나라 사람인 사마환(司馬桓)이 아주 훌륭한 보물인 구슬을 갖고 있다가 어떤 죄를 짓게 되자 급히 보물을 가지고 도망쳤는데, 결국에는 그의 보물을 탐냈던 왕에게 붙잡혀 문초를 당하게 되었다.
　왕이 보물 숨긴 곳을 계속해서 추궁하자 사마환이 대답했다.
　"그 보물은 제가 도망치면서 연못 속에 던져 버렸습니다."
　이 말을 듣고 왕은 그 보물을 손에 넣고자 하는 욕심에 사람들에게 그 연못을 파헤치도록 명령했다. 그러나 왕이 찾던 보물은 나오지 않고 그 대신 연못 물이 말라 애꿎은 물고기만 죽고 말았다.
　이처럼 이 고사는 엉뚱한 일로 인해 재난을 당하게 될 때 쓰이는 말이다.

우러러볼	하늘	큰	웃을
仰	天	大	笑
앙	천	대	소

하늘을 우러러보며
큰 소리로 웃다

앙불괴어천(仰不愧於天) : 하늘을 우러러 부끄러움이 없음.
천명(天命) : ① 하늘의 명령. ② 하늘이 준 목숨.
대소(大笑) : 크게 웃음. 또는 큰 웃음.
소극(笑劇) : ① 크게 웃어 댐. ② 희극. 코메디.

출전(出典) : 사략(史略).

앙천대소(仰天大笑) 289

초나라 대군이 제나라를 침략해 오자 제나라 왕은 순우곤에게 약간의 예물을 주면서 조나라에 가서 구원병을 청하도록 했다.

그러자 순우곤은 「앙천대소」하고 나서 이렇게 말했다.

"오늘 제가 입궐하기 전에 길가에서 어떤 농부가 달랑 돼지족발 하나와 술 한 병을 놓고 수레가 넘치도록 오곡이 수확되기를 비는 장면을 보고 앙천대소했사옵니다. 바치는 것은 아주 적으면서 원하는 것은 과분했기 때문이옵니다."

이에 제나라 왕은 자신의 졸렬함을 크게 깨닫고 조나라에 줄 예물을 듬뿍 주어 순우곤을 보냈다 한다.

"웃음은 수상한 모든 것에 대한 가장 현명하고 가장 쉬운 대답이다"고 한 멜빌의 말처럼 「앙천대소」는 욕심이 많은 현대인들을 꼬집는다.

※ 멜빌(1819~1891) : 미국의 소설가. 주요 작품은 모비딕(백경).

약할	성년
弱	冠
약	관

20세의 성년

약관(弱冠) : 남자의 20세 전후 또는 그 나이.
관례(冠禮) : 남자의 성인식. 20세가 되어 처음으로 관을 쓰는 예식.
　　　　　　현대의 성년식.

출전(出典) : 예기의 곡례편.

약관(弱冠)

사람이 태어나서 10년을 '어리다'는 뜻에서 유(幼)라 하며, 이때부터 글공부를 시작한다. 20세는 '부드럽고 약하다'는 뜻에서 약(弱)이라 하며 관(冠)을 쓰게 된다. 30세는 장(壯)이므로 집과 아내를 갖는다. 40세는 강(強)이므로 세상 일을 책임지는 벼슬을 해야 한다. 50세는 쑥처럼 머리가 희게 되므로 애(艾)며, 관청과 정사에 참여해야 한다. 60세는 기(耆)이므로 대표자로 일을 시키는 일을 한다. 70세는 노(老)쇠하므로 집안 일을 자식에게 이양시킨다.

예기 곡례편에 나오는 이와 같은 호칭은 현대인의 연령감각과 비교해도 그대로 통용될 만큼 과학적인 근거를 가진 느낌을 준다. 다시 말해, 이 장의 「약관」은 약과 관이 합쳐진 말이듯이, 20세는 아직 약한 편이나 다 자랐으므로 어른으로서의 상징인 관을 쓰게 된다는 뜻이다.

양	머리	개	고기
羊	頭	狗	肉
양	두	구	육

양머리에 개고기

양두(羊頭) : 양머리.

두뇌(頭腦) : ① 머리골(뇌). ② 사물을 판단하는 힘.

구육(狗肉) : 개고기

육미(肉味) : ① 육류로 만든 음식. ② 고기의 맛.

출전(出典) : 항언록(恒言錄).

양두구육(羊頭狗肉) 293

　춘추시대의 제나라 영공(靈公)에게는 남장여인을 보고 즐기는 괴벽이 있었다. 이 괴벽은 일반사람들에게도 급속도로 번져 사회문제로까지 대두됐다. 이에 영공은 궁중 밖에서의 남장여인을 왕명으로 금지시켰는데, 이것이 잘 지켜질 리 만무했다.
　이에 당황한 영공이 안자(晏子)에게 그 이유를 묻자 그는 이렇게 대답했다.
　"이것은 마치 소머리를 문에 걸어놓고 안에서는 말고기를 파는 것과 같습니다. 즉 궁중에서는 남장여인을 금하지 않으면서 궁중 밖에서 남장여인을 금한다는 것은 크게 잘못된 처사이옵니다."
　이 말을 들은 영공은 자신의 행동을 뉘우치고 즉시 궁중 안의 남장여인을 금지시켰다고 한다.
　여기서 영공을 설득시킨 안자의 우골마육(牛骨馬肉)론은 「양두구육」과 같은 말이며, 이 말에는 겉으론 좋은 물건을 걸어놓고

안에서는 싸구려 물건을 파는 현대인의 악덕상술을 충고하는 뜻도 담겨 있다.

사람은 누구나 헌것보다 새것을 좋아하게 마련이다. 그래서 무엇이든지 가지고 싶어한다. 그러나 당신이 가지고 싶은 충동대로 무엇이든지 사지 않고 꼭 필요한 것만을 사면 나중에 후회하는 일은 결코 없을 것이다.

근대철학의 아버지 칸트의 말처럼만 당신이 행동할 수 있다면 「양두구육」에 속아 넘어가지 않을 것이다.

들보	위	임금	아들
梁	上	君	子
양	상	군	자

대들보 위의 군자

양상(梁上) : 대들보 위.

상량(上梁) : 집을 세울 때 마룻대를 올리는 일.

군자(君子) : ① 덕이 높은 훌륭한 사람. ② 지체나 관직이 높은 사람. ③ 학문과 수양에 뜻을 둔 사람.

출전(出典) : 후한서의 진식전.

후한 말, 어느 날 진식(陳寔)이라는 선비 집에 도둑이 들어와 대들보 위에 숨어 있었다.

그러자 진식은 이 사실을 모른 척하면서 아들과 손자들을 방에 불러놓고 훈계를 시작했다.

"사람은 누구나 착한 품성을 갖고 태어났다. 다만, 나쁜 사람이 되는 것은 나쁜 습관이 잘못된 행동을 하게끔 만들기 때문이다. 지금 저 대들보 위에 숨어 있는 군자 또한 그런 사람 중의 한 사람일 뿐이다."

이 말을 듣고 깜짝 놀란 도둑은 크게 뉘우치고 대들보 위에서 내려와 진식에게 머리를 조아리고 사죄했다. 그러자 진식은 그에게 말했다.

"자네의 얼굴을 보니 악한 사람 같지는 않구먼. 너무 가난해서 이런 행동을 했을 거야."

그리고는 그의 행동을 용서하고 비단 두 필을 주어 돌려보냈

다고 한다.

 그 후 어느 해학자는 이 말을 듣고「양상군자」를 쥐와 같다고 평했으며, 이 쥐를 용서한 진식의 행동은 셰익스피어의 명언과 일치한다.

 다른 사람의 잘못에 대해 관용을 베풀어라. 오늘 저지른 남의 잘못을 어제의 내 잘못으로 생각하라. 이 세상에는 잘못 없는 사람이 하나도 없듯이, 완전하지 못한 것이 사람이라는 점을 생각하고 참된 마음으로 대해 주어야 한다. 우리는 어디까지나 정의를 받아들여야 하지만, 그 정의만으로 재판을 한다면 아마 우리 중에 구원받는 사람은 한 명도 없을 것이다.

좋을	약	쓸	어조사	입
良	藥	苦	於	口
양	약	고	어	구

좋은 약은 입에 쓰지만 병에는 잘 듣는다

양약(良藥) : 좋은 약. 좋은 충고를 비유함.

약효(藥效) : 약의 효력.

고언(苦言) : 귀에는 거슬리나 이로운 말. 고어. 충언.

구변(口辯) : 말솜씨.

출전(出典) : 공자가어의 육본편.

양약고어구(良藥苦於口) 299

좋은 약은 입에 쓰나 병에 이롭고, 충언(忠言)은 귀에 거슬리나 행함에 이롭다.

공자가어(孔子家語)에 나오는 이 말은 공자님의 말씀으로, 우리 속담에도 인용돼 널리 알려져 있다.

여기서 양약(良藥)이란 곧 충고이며, 자신의 잘못을 없애려면 이 양약을 먹여 주는 사람이 항상 곁에 있어 줘야 한다는 뜻이다.

옛부터 훌륭한 군주는 바른말을 잘하는 충신들의 충고를 잘 소화시켰기 때문에 성천자(聖天子)라는 칭송을 받았던 것이며, 반대로 양약을 쓰다고 거부한 군주들은 폭군이란 오명을 남겼다는 사실이 이 장의 정의를 증명한다.

우리도 남에게 충고를 할 수 있고 남의 충고를 받아들일 수 있는 사람이 되어야겠다.

버들	베	어조사	개
楊	布	之	狗
양	포	지	구

양포와 개의 짓

양포(楊布) : 전국시대 사상가 양주(楊朱)의 아우.
지(之) : ① 가다. ② 이, 그(대명사). ③ 어조사.
구(狗) : ① 개. ② 주역의 간(艮)에 해당함.

출전(出典) : 한비자의 설림편(下).

양포지구(楊布之狗) 301

　전국시대 중엽의 사상가 양주(楊朱)의 동생 양포(楊布)가 어느 날 흰옷을 입고 외출했다가 돌아오는 중에 비를 맞아 옷이 거무스름하게 더러워진 채로 대문 안으로 들어서자 개가 주인을 몰라보고 짖어 댔다.
　이에 화가 난 양포가 개를 때리려고 하자 곁에 있던 양주가 말리며 이렇게 충고했다.
　"개를 탓하지 마라. 개와 입장을 바꿔놓고 생각해 보면 너라도 그럴 수밖에 없을 것이다. 즉 너의 개가 집에서 나갈 때 희게 하고 나갔다가 까맣게 하여 가지고 돌아오면 너도 틀림없이 의심할 것이다."
　한비자는 이 우화를 소개하면서, 이것은 선과 악의 문제가 아니라 사물의 도리라 했다. 쉽게 말해, 사람을 평가할 때 외모만 보고 그 사람 전체를 판단하지 말라는 교훈인 것이다.

고기잡이	사내	어조사	이로울
漁	夫	之	利
어	부	지	리

어부에게만 이익이 생기다

어부지리(漁夫之利) : 두 사람이 서로 다투는 사이에 제3자가 뜻밖의 이익을 얻음.

출전(出典) : 전국책.

어부지리(漁夫之利) 303

　전국시대, 연(燕)나라가 서쪽은 조나라, 남쪽은 제나라로부터 위협을 받고 있을 때, 조나라가 연나라의 기근을 약점 삼아 공격하려 했다. 이에 연왕은 '계구우후'로 유명했던 소진의 동생 소대(蘇代)에게 조왕을 설득하도록 부탁했고, 소대는 죽은 형(소진)만큼 거물급 세객(說客)은 아니었으나 소진의 아우로서 부끄럽지 않게 조나라 왕을 찾아가 세 치의 혀를 놀려 그를 설득했다.
　"제가 오늘 조나라에 오는 도중, 국경 근처의 강변에서 도요새란 놈이 입을 쩍 벌린 채 졸고 있는 조개의 속살을 콕 쪼자 조개란 놈이 화가 나서 껍질을 오무려 도요새의 부리를 물고 놓지 않는 광경을 목격했습니다. 이때 도요새가 '아마 이대로 계속 있다가 오늘과 내일 비가 오지 않으면 너는 죽고 말 거야' 하자, 조개도 지지 않고 '내가 오늘도 놓지 않고 내일도 놓지 않으면 너도 죽고 말겠지' 하며 계속 죽기살기로 버틸 뿐 서로

304 고사성어 대백과

화해할 생각을 하지 않더군요. 그 결과 이들은 그곳을 지나가는 어부 손에 잡혀 죽고 말았지요. 마찬가지로, 연나라가 조개의 입장이라면 조나라는 도요새가 될 것이며, 힘 안 드는 어부지리는 강대국인 진나라의 몫이 될 게 뻔합니다."

이에 조나라 왕이 진나라의 위력을 느끼고 연나라 침공을 포기했다고 하는데, 여기에서 「어부지리」라는 말이 나왔으며, 이에 대한 교훈은 현대에도 널리 이용되고 있다. 6·25로 인해 우리나라는 「어부지리」의 희생물이 되었으며, 일본은 제3자 입장에서 「어부지리」로 막대한 군수물자를 팔아 큰 이익을 챙겼던 것이다.

※ 도요새 : 비가 오는 것을 예지하는 새(일명 황새).

엄이도령(掩耳盜鈴)

가릴	귀	도둑	방울
掩	耳	盜	鈴
엄	이	도	령

귀를 가리고 방울을 훔치다

엄폐(掩蔽) : 보이지 않도록 가리어 숨긴다는 뜻.
이명(耳鳴) : ① 귀 안에서 소리가 나는 것처럼 느껴지는 증상. ② 자기만 알고 남은 알지 못함을 비유.
도벽(盜癖) : 남의 물건을 훔치는 버릇.
령(鈴) : ① 방울. ② 휘장. 수레의 좌우를 가리는 휘장.

출전(出典) : 여람(呂覽)의 자지(自知).

　춘추 말기, 어떤 자가 범씨 집안이 망한 것을 알고 그 집으로 달려가 종을 훔치려고 했다. 그러나 종이 너무 크고 무거워 짊어지고 갈 수 없게 되자 이 종을 조각내어 가져가기 위해 쇠망치로 힘껏 종을 내리쳤다.
　순간, '꽝!' 하는 요란한 소리에 깜짝 놀란 그는 당황한 나머지 자기의 귀를 틀어막았다. 자기에게만 들리지 않으면 타인에게도 들릴 염려가 없다는 생각에서였다. 그리고 잠시 후 그는 종의 부서진 조각을 모아 가지고 잽싸게 도망갔다.
　참고로, 옛날에는 방울이나 종이나 모두 악기 종류에 포함되었으므로 '귀를 막고 종을 훔치다'는 말이 나중에는 '귀를 막고 방울을 훔치다'는 말로 바뀌었다.
　어쨌든 아직도 우리 주위에는 「엄이도령」 같은 작자들이 많다는 사실을 잊지 말아야 할 것이다.

여도지죄(餘桃之罪)

餘	桃	之	罪
남을	복숭아	어조사	죄
여	도	지	죄

복숭아를 먹다가 준 죄

여분(餘分) : 남은 분량. 나머지.
도화(桃花) : 복숭아꽃.
지(之) : ① 가다. ② 이, 그(대명사). ③ 어조사.
죄명(罪名) : 범죄의 명목. 죄목(罪目).

출전(出典) : 한비자의 설난편.

위(衛)나라 군주에게 총애를 받고 있던 미자가(彌子瑕)라는 소년이 어느 날 어머니가 위독하다는 전갈을 받고 다급한 나머지 군주의 허가도 받지 않고 허가를 받았다고 속여 군주의 수레를 타고 궁을 빠져나가 어머니를 만났다.

위나라에는 군주의 허가 없이 군주의 수레를 타면 다리를 자른다는 국법이 있어서 이것을 어긴 미자가는 영락없이 다리를 잘리게 될 판이었는데, 사연을 들은 군주는 미자가에게 엄벌을 내리기는커녕 오히려 효성이 지극하다며 상을 내려 칭찬했다.

그리고 또 어느 날, 미자가가 복숭아를 먹다가 맛이 너무 좋아 반쯤 먹다 남은 것을 군주에게 바치자 군주는 기뻐하며 말했다.

"너야말로 진정으로 나를 생각해 주는구나. 그 맛있는 것을 다 먹지도 않고 나에게까지 주다니!"

그러나 세월이 지나면서 미자가가 나이를 먹게 되자 군주의

여도지죄(餘挑之罪) 309

총애 또한 점점 식어 갔다. 그러다가 어느 날은 사소한 일로 미자가를 심하게 꾸짖기까지 했다.

"이놈은 예전에 나를 속이고 수레를 탔으며, 나에게 먹다 남은 복숭아를 준 나쁜 놈이야."

한비자는 이 일화를 소개하면서 다음과 같이 현실감 있는 해석으로 그 진면목을 과시했다.

"미자가의 행동은 옛날이나 지금이나 조금도 변한 게 없다. 그럼에도 불구하고 옛날에 칭찬을 받았던 일로 지금 벌을 받게 된 것은 군주의 사랑이 미움으로 변했기 때문이다. 고로 군주가 신하를 사랑하고 있을 때는 신하의 지혜가 군주의 마음에 들어 더욱더 친숙해지지만, 반대로 군주에게 미움을 받고 있을 때는 같은 지혜라도 군주의 마음에 들지 않고 점점 더 멀어져 가므로 군주를 설득하려면 우선 군주의 애정을 확인해야 한다."

한비자의 설난편에 나오는 이 고사는 「여도지죄」라는 말을 만

들어 냈으며, 이때부터 '총애는 죄를 만드는 근원이 된다'는 논리가 형성됐다.

　이 고사는 전국시대의 숨막힘과 애절함과 냉정함을 우리에게 호소한 것이며, 따라서 이 고사의 정의를 그저 고사로서만 판단하면 안 된다.

　공자가 논어에서 이상적인 인간상을 인(仁)이라는 포장지로 감싸 아름답게 만들어 내었다면, 한비자는 한비자에서 그 인(仁)의 포장지를 단호하게 걷어 버려 전혀 다른 악의 인간상을 훌륭하게 부각시켰다.

　그러므로 한비자의 논리는 실행을 위한 것이며, 따라서 냉혹하다. 그러나 반면, 현대인들에게 강한 설득력으로 받아들여진다. 다만, 현대인들은 그것을 겉으로 거부할 뿐이다. 이 이론은 다음 장으로도 이어진다.

거스릴	비늘
逆	鱗
역	린

용의 턱 밑에 난 비늘

역정(逆情) : 감정을 거스리다.
린(鱗) : 비늘 있는 동물의 총칭. 특히 물고기, 용 등임.

출전(出典) : 한비자의 세난편.

312 고사성어 대백과

　용(龍)은 잘 길들이면 탈 수도 있지만, 만약 용의 목 밑에 있는 한 자 가량의 역린을 건드리게 되면 그자는 반드시 죽게 된다. 군주에게도 이 역린이 있다. 따라서 군주를 설득하려는 자가 이 역린만 건드리지 않는다면 그의 설득은 십중팔구 성공하게 될 것이다.

　여기서 「역린」이란 말이 나왔는데, 한비자의 이 설득이론은 현대에도 그대로 통용된다.
　우리나라의 역대 대통령 중 이 「역린」을 가장 많이 사용한 대통령은 아마 고 박정희 대통령일 것이다. 그 한 예로, 3공화국 당시 2인자 암투에 된서리를 맞은 '윤필영 사건'을 보자.
　1972년 10월 말경 어느 토요일, 당시 박대통령이 박종규 경호실장, S신문사 신사장과 함께 골프를 즐기고 있을 때 신사장이 불쑥 나서며 이렇게 말했다.

역린(逆鱗)   313

"각하께서 연로하시고 기력이 쇠잔해지시니 후계자를 지명하시는 게 좋겠다는 말이 많습니다. 그 후계자로는 중앙정보부장이 좋다고 하던데요."

이에 박대통령은, "미친놈들, 내가 노망하려면 아직 멀었는데……." 하며 대수롭지 않은 반응을 보이는 듯했으나 골프를 끝내자 마자 화를 벌컥 내며, "아까 그 말 누가 했어?" 하면서 신사장을 닦달했다.

그러자 겁에 질린 신문사 사장이 우물쭈물하면서 곤란해 하자 옆에 있던 박실장이 권총을 뽑아 들이댔다. 그래서 신사장은 할 수 없이 "윤필영 장군이……"라고 불었다.

그 후 이 사건으로 인해 윤필영 씨는 반역음모란 죄명으로 군법에 회부돼 수갑을 차게 됐는데, 결과적으로 보면 그가 대통령의 「역린」을 건드렸기 때문에 생긴 비극이었다.

후일 이 사건을 두고 당사자는 음모였다며 완강하게 부인했으

나, 어쨌든 「역린」을 건드린 것만은 사실이었다. 그게 아니면 '역도지죄'였거나. 그리고 그 후 박정희 대통령이 서거하자 정권을 잡은 전두환 전 대통령도 이 「역린」을 건드린 창업공신들을 매정하게 자르는 모범(?)을 보여 줬고, 그 뒤를 이어 '보통사람'이란 구호로 대통령이 된 노태우 씨 역시 「역린」의 진가를 과시했다.

그 후 문민정부가 탄생되면서도 이 「역린」에 의해 쫓겨난 사람들이 한두 명이 아니었으며, 다음 대통령 또한 이 「역린」을 사용할 것은 뻔한 이치다.

※ 여기서 필자도 누군가의 「역린」을 건드리지 않기 위해 이 장의 일부 내용을 청와대 비서실에서 인용했음을 밝힌다.

연줄	나무	구할	고기
緣	木	求	魚
연	목	구	어

나무에 올라가서 물고기를 얻으려 하다

연목(緣木) : 나무에 오름.
목재(木材) : 나무로 된 재료.
구어(求魚) : 물고기를 구하려 함.
어육(魚肉) : ① 생선과 짐승고기. ② 생선의 살.

출전(出典) : 맹자의 양혜왕편.

　제(齊) 선왕(宣王)이 맹자에게 천하통일에 대해 묻자 맹자는 이렇게 말했다.

　"천하통일을 무력으로 성취하는 것은 단지 나무에 올라가서 물고기를 구하려는 것과 같은 이치입니다."

　이에 선왕이 의아한 표정을 지으며 물었다.

　"그것이 그토록 힘든 일인가요?"

　맹자가 재차 답했다.

　"연목구어는 물고기를 얻지 못하는 정도로 끝날 뿐 뒤탈은 없습니다. 그러나 폐하처럼 일방적인 무력으로 대야망을 성취하고자 한다면 수많은 백성을 잃게 되고 나라가 망하는 큰 재난이 닥쳐올 것입니다."

　여기에서 「연목구어」란 말이 나왔으며, 「연목구어」가 싫으면 인의(仁義)를 기반으로 왕도정치를 행하라는 게 맹자의 주장이다.

연목구어(緣木求魚) 317

정(政)은 정(正)이니라.

이것은 논어에 나오는 말로, 政과 正은 음도 같고 뜻도 같으므로 참된 정치란 올바른 정치를 펼쳐야 한다는 말이다.

영국의 역사학자 허버트 A.L. 피셔는 인간을 행복하게 하는 기술이 정치라고 했다. 그러나 우리의 정치 현실은 그렇지 못한 것 같다.

YS가 하나님에게 물었다.
"확실하게 물 문제를 해결하겠다는 공약을 지킬 수 있겠습니까?"
이에 하나님이 중얼거렸다.
"할 수는 있다. 그러나 네 임기중에는 어렵겠다."

이 말은 한때 시중에서 떠돌았던 블랙 유머다. 그러나 이 블랙 유머는 여러 방면에 걸쳐 나타나는 정치불신 풍조를 대변한 것으로, 아직도 이처럼 「연목구어」를 꿈꾸는 사람이 비일비재하니 안타까울 뿐이다.

제비	참새	어찌	알	큰기러기	고니	어조사	뜻
燕	雀	安	知	鴻	鵠	之	志
연	작	안	지	홍	곡	지	지

제비나 참새 따위가 어찌 기러기나 고니의 뜻을 알겠는가

연작(燕雀) : 제비와 참새.

안(安) : ① 편안하다. ② 어찌…하리오(반어형).

홍곡(鴻鵠) : 큰 기러기와 고니(백조).

출전(出典) : 사기의 진섭세가.

연작안지홍곡지지 (燕雀安知鴻鵠之志) 319

　폭정으로 악명이 높았던 진나라 말기, 하남성의 날품팔이 노동자였던 진승(陳勝)이 같은 노동자 동료들에게 호언장담을 했다.
　"장래 내가 출세하면 자네들을 결코 잊지 않겠네."
　이 말을 들은 동료들이 코웃음을 치자 진승은 한숨을 쉬며 말했다.
　"아—아, 연작이 어찌 홍곡의 깊은 뜻을 알겠는가!"
　이 말은 참새나 제비 같은 작은 새가 어찌 하늘 높이 나는 큰 새(기러기와 백조)의 뜻을 헤아릴 수 있겠느냐는 탄식이었으며, 이런 큰 뜻을 가진 진승은 얼마 후 대규모 농민봉기를 일으켜 진나라 붕괴의 신호탄을 쏘았다.
　그리고 항우와 유방이 등장한 것도 바로 이때였으니, 진승의 「연작안지홍곡지지」는 이들에 의해 그 결과가 나타났다고도 볼 수 있다.

빨	종기	어조사	어질인
吮	疽	之	仁
연	저	지	인

종기를 입으로 빨아 인의를 사다

연저(吮疽) : 종기를 빨다.
지(之) : ① 가다. ② 이, 그(대명사). ③ 어조사.
인군(仁君) : ① 어진 임금. ② 남을 존경하는 존칭.

출전(出典) : 사기의 오기열전. 한비자.

연저지인(吮疽之仁)   321

 오기(吳起)가 위나라 장군이 되어 중산국(中山國)을 칠 때의 일이다. 부하 중 한 명이 종기를 앓고 있는 것을 본 오기는 무릎을 꿇어 그 병사의 종기에서 나오는 고름을 빨아내 주었다.
 이 광경을 보고 있던 그 병사의 어머니가 눈물을 흘리며 슬퍼했다. 이에 한 병사가 그 까닭을 묻자 그 어머니는 이렇게 말했다.
 "예전에 오장군께서 저 아이 아버지의 종기 고름도 빨아 주셨는데, 그때 그분은 그 은혜에 감격한 나머지 적들과 용감히 싸우다가 전사했습니다. 그런데 지금 또 장군께서 내 아들의 고름을 빨아 주셨으니 저 자식도 곧 죽을 게 아니오?"
 유가(儒家)에선 이 고사를 바탕으로 '장군이 병사를 돌본다'는 뜻의 「연저지인」이라는 말을 만들었으나 한비자의 악의 철학은 달랐다. 한비자는 이 일화를 소개하고 나서 다음과 같이 말했다.
 "오기는 일개 병사의 병이 낫게 되면 자신에게 큰 도움이 될

것이라는 사실을 알고 더러운 것을 참으면서 그 병사의 고름을 빨아 주었을 뿐이다."

즉, 오기의 행위는 병사의 목숨을 사기 위한 흥정이었고, 병사는 그 술책에 속아넘어가 전사한다는 비정의 논리가 작용한다는 것이다. 조금더 구체적으로 표현하자면, 인간의 본성은 원래 악하며 이욕(利欲)을 즐기므로 자신을 위하는 일임을 알게 되면 그때부터 능률이 오른다는 것이다.

이렇게 인간의 본심을 사정없이 찌르는 한비자의 인간학은 진시황제부터 한고조(유방)를 거쳐 현대의 모택동과 등소평에 이르기까지 중국의 지도자들에 의해 실행되었다고 해도 과언이 아닐 것이다. 하지만, 한비자의 해석보다는, 더러움을 무릅쓰고 종기의 고름을 빨아내면서까지 부하를 고통에서 구해낸 그 장군의 부하에 대한 극진한 사랑을 오늘에 되새겨야 할 것이다.

끌	꼬리	진흙	가운데
曳	尾	塗	中
예	미	도	중

꼬리를 진흙탕 속에 끌고 다니다

예미(曳尾) : 꼬리를 끌다.
도중(塗中) : 진흙탕 속의 중앙.

출전(出典) : 장자의 추수편.

　어느 날 낚시질을 하던 장자에게 초나라 왕으로부터 정치를 맡아 달라는 사자(使者)가 오자 장자는 그에게 이렇게 말했다.
　"초나라에는 신귀라는 3천 년 묵은 거북이 죽어 묘당(廟堂) 안에 모셔져 있다는데, 만약 그 거북이 살아 있다면 자기가 죽어서 묘당에 있기를 바랄까요, 아니면 살아서 꼬리를 진흙 속에서 끌고 다니기를 바랄까요?"
　이에 사자가 대답했다.
　"그야 물론 살아서 진흙 속에서 꼬리를 끌고 다니기를 바라겠지요."
　그러자 장자는 사자에게 결정타를 먹였다.
　"그렇다면 당신은 이제 그만 돌아가 주시오. 나는 진흙 속에서 꼬리를 끌고 다니고 싶으니까요."
　여기에서 장자의 일면을 볼 수 있듯이, 그는 규범의 틀에 묶여 사는 것을 거부하고 본래 자연의 모습인 자유로운 삶을 강조

예미도중(曳尾途中)   325

했으며, 후에 장자는 무위자연의 처세철학을 주장한 노자와 일체가 되어 노장사상으로 발전시킴으로써 후세 사람들의 생활태도에 큰 영향을 끼쳤다.

그리고 이후 그 영향으로 자연을 노래하는 사람이 많이 등장했는데, 그 가운데 대표적인 인물은 바로 루소이다. 그는 "자연으로 돌아가라. 자연은 선(善)이다. 인간은 자연에 더 보탤 것이 없다. 단지 인간의 손은 자연을 더럽힐 뿐이다"라고 말했으며, 이러한 루소의 자연철학은 장자의 「예미도중」을 더욱더 빛내 주었다.

　자연은 아이들이 어른이 되기 전의 모습을 바라고 있다. 만약
이 순서가 바뀌면 우리의 모습은 설익어 맛이 없고, 금방 썩어
버리는 과실이 될 것이다.

다섯	마을	안개	가운데
五	里	霧	中
오	리	무	중

오 리나 되는 짙은 안개 속

오리(五里) : 일 리(一里)의 다섯 곱절. 십 리의 절반.
무적(霧笛) : 짙은 안개 속에서 충돌을 피하기 위해 울리는 배의 경적.
중도(中途) : ① 길 가는 동안. ② 일이 되어가는 과정.

출전(出典) : 후한서의 장해전.

오리무중(五里霧中) 327

후한(後漢) 때 유명한 학자였던 장해(張楷)는 몇 번씩이나 황제의 특사로부터 벼슬할 것을 권고받았으나 병을 핑계로 끝까지 거절했다.

그는 아버지의 뜻에 따라 속세를 떠나 깨끗하고 편하게 살 결심으로, 때로는 귀찮은 사람을 피하기 위해 도술을 써 오 리 사방에 안개를 일으키기도 했다.

이때 도술로 안개를 일으키기는 하나 삼 리밖에 못 일으키는 배우(裵優)라는 자가 소문을 듣고 그것을 배우기 위해 장해를 찾아갔다. 그러나 그가 오 리 안개를 일으켜 그 속에 숨어 버리는 바람에 그 뜻을 이루지 못했는데, 여기서 「오리무중」이란 말이 생겼다 한다.

이 「오리무중」이란 말은 마치 우리 정치 판도를 감싸고 있는 탁한 안개정국을 두고 한 말 같다. 그래서인지 어떤 신문은 '오리무중의 패권다툼' 이란 표현을 사용해 우리의 정치판을 꼬집기

328 고사성어 대백과

도 했는데, 사실은 완전히 「오리무중」에 감싸여 있는 것도 아니다. 배우라는 자가 삼리무(三里霧)를 일으켰듯이, 삼리무 정도에 싸여 있다고 보는 게 정확한 판단일 것이다.
　이 고사의 끝에 장해를 못 찾은 배우가 그 후 삼리무를 이용해 도둑질을 하다가 꼬리가 붙잡혔듯이, 우리가 뽑은 정치가들은 아무리 연막을 치고 꼬리를 감추려고 해도 그 정체의 속셈까지는 감추지 못한다.

　　가장 적게 공약하는 정치인에게 투표하라. 그 이유는 그가 가
　장 적게 실망시키기 때문이다.

　B. 바루크가, 남발되는 정치인들의 공수표 속에서 허덕이는 우리에게 보내는 충고의 메시지다.

다섯	열	걸음	일백	걸음
五	十	步	百	步
오	십	보	백	보

오십 보나 백 보나 도망간 것은 같다

오십보(五十步) : 오십 보를 도망간 자가,

백보(百步) : 백 보 달아난 자를 비웃었으나 달아난 것은 마찬가지라는 뜻으로, 별 차이가 없음을 이르는 말. 대동소이(大同小異).

출전(出典) : 맹자의 양혜왕편.

330 고사성어 대백과

　일개 국가의 파워가 백성의 숫자에 의해 저울질됐을 때인 춘추시대에 위나라 왕이 맹자에게 물었다.
　"이웃나라는 정치를 별로 잘하는 것 같지도 않은데 백성이 증가하는 이유가 뭐라고 생각하십니까?"
　그러자 맹자가 대답했다.
　"전쟁터에서 싸우지 않고 오십 보쯤 도망간 병사가 백 보쯤 앞서 도망간 병사를 보고 비웃었다면 왕께서는 어떻게 생각하시겠습니까?"
　"오십 보나 백 보나 도망간 것은 마찬가지겠죠."
　"그렇습니다! 이웃나라 백성보다 더 많아지기를 바라는 왕의 희망도 이것과 비슷한 것 아닐까요?"
　맹자의 왕도(王道)정치의 관점에서 보면 위왕의 정치와 이웃나라의 정치는「오십 보 백 보」라는 것이다. 왕도주의의 핵심은 인의(仁義)라는 덕에 의하여 난세를 통일하고 나라의 질서와 모

든 국민의 안정된 생활을 이루려는 데 있다. 그러니 도덕국가를 지향하는 왕도정치에서는 무력에 의한 나라의 부강을 그리 중요시하지 않는다. 그래서 우리는 흔히 큰 차이가 없을 때 이 고사를 인용해 「오십 보 백 보」라고 말한다. 그러나 이 문제를 현대적 의미로 깊숙히 파고들어 엄밀히 분석한다면, 오십 보와 백 보는 큰 차이가 있다는 것을 알게 된다. 그 한 예를 들자면, 12.12 쿠데타와 5.18 광주항쟁 사건에 백 보 개입한 사람과 오십 보 개입한 사람을 똑같이 취급해선 안 된다는 것이다.

　언제나 정의를 행하라! 이것은 많은 사람들을 기쁘게 할 것이며 그 밖의 사람들을 놀라게 할 것이다.

　마크 트웨인의 말처럼 정부는 정의를 행하라! 그러면 수많은 사람들이 기뻐할 것이며, 왕도정치를 주장한 맹자님까지도 좋아할 것이다.

나라	나라	같이할	배
吳	越	同	舟
오	월	동	주

앙숙인 오나라와 월나라 사람이 같은 배를 타다

오월(吳越) : ① 춘추전국시대의 오나라와 월나라. ② 두 나라가 오랫동안 적대시한 일에서 서로 적의를 품고 있음을 일컫는 말.

동주(同舟) : 같은 배를 타다.

출전(出典) : 손자병법의 구지편.

오월동주(吳越同舟) 333

　오나라와 월나라는 원래부터 원수진 사이지만, 만약 두 나라 사람이 같은 배를 탔다가 폭풍우를 만났다면 좌우의 손처럼 일치단결해 서로 도울 것이다.

　여기서「오월동주」란 말이 나왔으며, 이 명언은 손자병법의 구지편을 빛내 주었다.
　손자의 후세로서 '동반자 시대'라는 말을 처음 사용한 정치인은 싱가포르의 이광요 전 총리로, 그는 "오늘의 정치세계에서는 공동의 적도 없고 진정한 우방도 없으며 오직 동반자(파트너십)만이 있을 뿐"이라고 주장했다. 그리고 이 말은 현실로 나타나 '적과의 동침'이라는 말까지 유행할 정도다.
　그런데 국경 없는 경제로 세계화를 부르짖는 이때, 독불장군식으로 핵장난감만 갖고 노는 북한 당국의 무지에 우리는 그저 답답하고 안타까울 뿐이다.

나라	아래	언덕	꿈
吳	下	阿	蒙
오	하	아	몽

오나라의 여몽

오하아몽(吳下阿蒙) : '오하'는 오나라를 말하며 '아'(阿)는 인명에 붙여 친함을 나타내는 발어사(發語詞). '몽'은 삼국지에 나오는 손권의 부하 이름(여몽)으로, 이 뜻은 학식이 짧은 사람을 이르는 말이다.

출전(出典) : 삼국지의 여몽전.

오하아몽(吳下阿蒙) 335

삼국지의 명스타 관우를 생포해 명성을 날린 명장 여몽(呂蒙)의 병법에는 남달리 그의 과거가 큰 힘이 되었고 주군인 손권의 영향을 많이 받았다.

여몽이 처음 군대에 입대한 것은 가난 때문이었다. 그래서 그는 돈이 안 드는 싸움에 열중했고, 그 결과 수많은 전공을 세워 장군까지 됐으나 그 다음이 문제였다. 그는 싸움만 잘했지 장군의 필수조건인 병법이론을 몰랐던 것이다. 알고 싶어도 글자를 모르기 때문에 알 도리가 없는, 그야말로 무학력 장군이었다.

이때 이런 점을 안타깝게 생각하고 있던 손권이 그에게 따뜻한 충고와 함께 '하면 된다'는 의욕을 북돋아 주면서 반강제로 학문을 권장했다.

그 후 몇 년이 흐른 어느 날, 당시 총사령관인 노숙이 각 진영을 시찰하던 여몽을 만나 얘기를 나누면서 깜짝 놀랐다. 그는 옛날 여몽이 아니었던 것이다. 병법이론은 물론 일반 상식적인

　문제까지 도통해 있었기 때문이다. 이에 노숙은 크게 감탄하며 이렇게 칭찬했다.

　"나는 지금까지 그대를 무식한 장군으로만 알고 있었소. 그런데 오늘 만나 보니 이제는 오하의 아몽이 아니구려."

　그러자 여몽은 의젓하게 대답했다.

　"선비가 헤어진 지 사흘이 지나면 눈을 부비고 다시 상대할 정도로 달라져 있어야 하겠지요."

　여기서 '괄목상대(刮目相對)'라는 말이 생겼으며, 따라서 학문이 진보되었을 때, 또는 면목을 일신했을 경우에 비부(非復)를 「오하아몽」 위에 붙여 사용했다.

　그러나 반대로 「오하아몽」이라는 말만 쓸 때는 학문이 없거나 학문이 조금도 진보되지 않은 사람을 칭한다. 그런 뜻에서 이 장을 더욱더 빛내기 위해 「비부오하아몽」의 정의를 유명인사들에게서 찾아보자.

미국의 초대 대통령 워싱턴을 비롯해 링컨·트루먼·영국의 체임벌린 수상·메이저 총리 등은 대학 문턱에도 가 보지 못했으면서 크게 성공했고, 헤밍웨이·버나드 쇼·버지니아 울프 등과 같은 대문호나 고갱·피카소 등의 화가들 역시 대학 공부를 하지 못한 인물들이다.

그런가 하면, 최초의 비행사 라이트 형제나 자동차 왕 포드 등은 고등학교 중퇴자였으며, 명사들 중엔 아예 국민학교도 졸업하지 못한 사람들이 수없이 많은데, 미국의 철강왕 카네기, 웃음의 마술사 채플린, 작가 마크 트웨인, 발명왕 에디슨 등이 바로 그러한 경우이다.

그런데 우리나라처럼 학력 수준이 절대적인 평가기준으로 작용하는 나라도 드물 것이다. 심지어 결혼할 때도 대학 졸업장이 기본 조건처럼 따르는 것이 사회 현실이니 말이다.

이것은 곧 우리 사회가 유연성이 부족하기 때문이며, 이런 풍

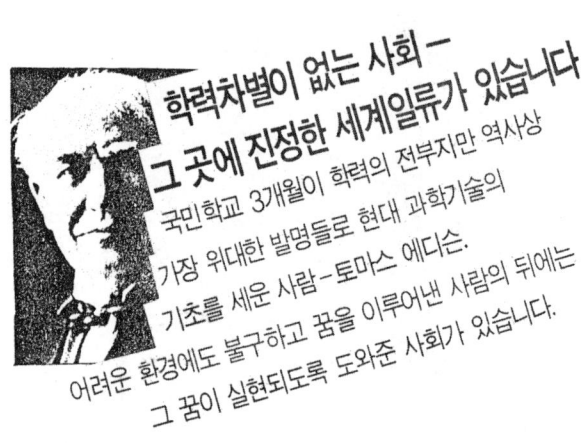

토 속에서 여러 가지 사정으로 학교를 다니지 못한 유능한 인재들이 제대로 기를 펴지 못하고 살아야만 하는 사회 조건이 답답할 뿐이다.

그러나 실망하지 말자. 현대판 「오하아몽」 같은 사람도 아몽처럼 노력하면 삼국지의 스타 관우를 능가할 수 있고, 미국의 철강왕 카네기처럼 될 수 있고, 웃음의 마술사 채플린을 초월할 수 있고, 마크 트웨인의 '톰 소여의 모험'을 능가하는 작품도 쓸 수 있을 테니까.

烏	合	之	衆
까마귀	합할	어조사	무리
오	합	지	중

(卒) 졸

까마귀 떼의 무리를 규합하다

오합(烏合) : 까마귀의 모임처럼 규율이 없음.
합졸(合卒) : 장기를 둘 때 졸(卒)을 나란히 한데 모음.
지(之) : ① 가다. ② 이, 그(대명사). ③ 어조사.
중구난방(衆口難防) : ① 여러 사람의 입은 막기 어려움. ② 여러 사람이 마구 떠드는 바람에 어쩔 수 없음.

출전(出典) : 문선(文選 : 주나라 때부터 양나라 때까지 등장한 대표적 문인의 시문(詩文)을 추려 엮은 선집). 후한서.

'녹림'(1권 325페이지 참고)의 난으로 왕망이 멸망하면서 천하가 군웅할거 시대로 혼란스러울 때, 하복성의 상곡태수는 유현 밑에서 대사마로 있는 유수(劉秀)의 인격을 높이 평가하여 자기 아들인 경감을 그의 휘하에 두고자 군대와 함께 보냈다.

그러나 일행이 길을 가는 도중, 왕랑(王郞)이란 자가 한단에서 군사를 일으켜 스스로 천자라 칭한다는 소문을 듣고 부하들이 동요하자 약관의 경감은 이를 평정하기 위해 이렇게 말했다.

"왕랑이란 자는 천자를 사칭하고 난을 일으키는 도적에 불과하다. 내가 곧 장안에 다녀와서 돌격대로 왕랑의 오합지중(졸)을 싹쓸어 버릴 것이다. 그것은 마른 나뭇가지를 꺾는 것보다 쉬울 것이다."

「오합지중」이 어디 이때뿐이겠는가. 우리 주위에도 「오합지중」이 너무 많아 골치가 아플 지경이다.

지붕	위	더할	지붕
屋	上	加	屋
옥	상	가	옥

지붕 위에 또 지붕을 얹는다

옥상(屋上) : 지붕의 위.
가해(加害) : 남에게 해를 끼침.

출전(出典) : 세설신어의 문학편.

'낙양지가귀'(1권 291페이지 참조)로 유명한 삼도부(三都賦)라는 시를 보고 사태부라는 고관은 이렇게 비웃었다.

"이 시는 마치 옥상가옥처럼 같은 말만 거듭하고 있다."

다시 말해, 남의 글을 모방하며 독창성이 결여된 시라는 뜻으로, 이런 것을 두고 「옥상가옥(屋上加屋)」 또는 「옥상가옥(屋上架屋)」이라는 표현을 쓰기도 한다.

    대다수의 책은 큰 죄악이다. 작품을 쓰는 열병에는 끝이 없듯이 모든 사람이 작가가 아니면 안 된다. 어떤 자는 명성을 얻기 위해서, 어떤 자는 이름을 팔고 싶다는 허영에서 글을 쓰는 경우도 있으며, 또한 단순히 돈을 구걸하기 위해 글을 쓰는 패거리도 있다.

위대한 종교개혁자 루터의 말처럼 우리 주위에 산재해 있는 「옥상가옥」의 글도둑은 큰 죄를 짓고 있다.

구슬	돌	함께	불사를
玉	石	俱	焚
옥	석	구	분

옥과 돌이 함께 불타다

옥석(玉石) : 옥과 구슬. 여기선 선악과 악인을 비유함.
구분(俱焚) : 함께 불타다. 선과 악의 구분 없이 다함께 재앙을 받는 다는 것을 비유함.

출전(出典) : 서경의 하서(夏書)

곤륜산에 불이 붙으면 옥석구분이며, 천리(天吏)가 덕을 잃게 되면 그 해독은 사나운 불보다 더 무섭다.

서경(書經) 하서에 나오는 이 「옥석구분」의 뜻은 선한 사람이나 악한 사람이나 가리지 않고 함께 화를 입는다는 것으로, 크게는 천재(天災)로 인한 「옥석구분」이 있고, 작게는 인재(人災)로 인한 「옥석구분」이 있다. 우리나라의 경우는 후자가 더 많다. 그 예를 들자면, 1994년 10월 21일 오전, 부실공사로 인해 성수대교가 붕괴되면서 32명이 떼죽음을 당했을 때, 그 중에는 아버지에게 효(孝)를 다짐한 편지를 남기고 하늘나라로 떠난 착한 딸과 순진한 여학생들이 끼여 있어 「옥석구분」의 희생물이 되었는가 하면, 1995년 6월, 부실공사로 인해 발생한 삼풍백화점 붕괴 때 역시 사망자 중에는 착한 학생들이 끼여 있어 「옥석구분」의 희생물이 되기도 했다.

옥석구분(玉石俱焚) 345

그런가 하면, 일본의 경우는 더욱 참혹하다.

1995년 1월 17일 새벽, 수천 명의 사상자를 낸 일본의 대지진과, 1995년 3월 20일 오전, 동경 지하철에서 발생한 독가스 테러 사건으로 인해 3천 5백 명이 중독되고 6명이 사망한 사건이 그것이다.

특히 독가스 사건은 고베(神戶) 대지진 이후 팽배해 있는 지진 공포를 이용해 오움진리교측이 연출한 '지구 종말의 최후 준비'라는 제목으로 나타났으며, 이 종말론의 총 연출자는 '아사하라 쇼코' 교주였다.

이들은 1997년부터 2003년까지 전세계적으로 최후의 전쟁이 터져 전 인류가 대부분 죽게 되므로 이 전쟁에서 살아 남기 위해 독가스와 해독제 등을 연구해 왔다고 변명 아닌 변명을 했다.

그렇다면 그들은 결국 성서 요한계시록에 나오는 아마겟돈(인류 최후의 전쟁)에서 자신들의 천년왕국을 지키기 위해 무고한

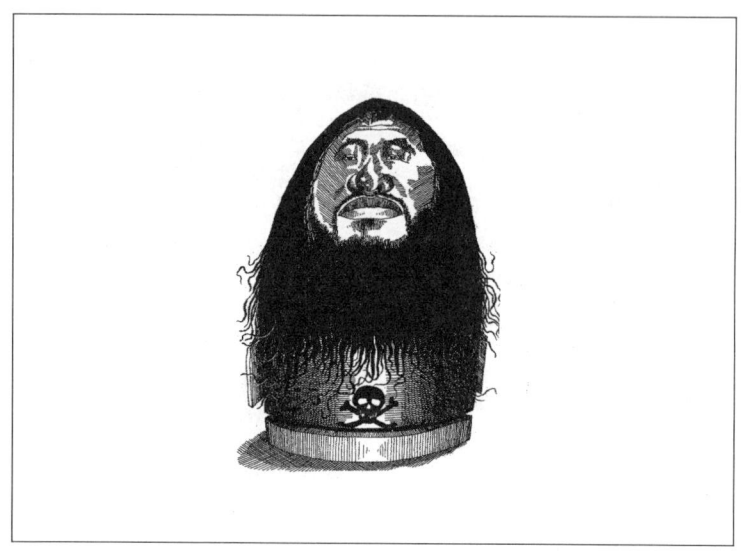

시민들을 대상으로 독가스 성능을 시험했다는 결론인데, 이거야 말로 하나님조차 깜짝 놀랄 일이다.

그래서인지 천국에서 하나님이 천사들과 함께 지구를 내려다보며 이렇게 한탄한 모양이다.

"우리가 아담과 이브를 천국에서 추방한 것이 큰 실수였어. 봐라, 저 지구의 비참한 꼴을……."

물론, 이 말은 1986년 구소련 체르노빌 원자로 폭발사고 직후에 유행한 블랙 유머지만, 이 장에서 소개한 「옥석구분」의 희생자들을 위로하기 위해 다시 한 번 리바이벌한 것이다.

옥석혼효(玉石混淆)

구슬	돌	섞일	뒤섞일
玉	石	混	淆
옥	석	혼	효

옥과 돌이 어지럽게 뒤섞이다

옥석(玉石) : 구슬과 돌.

혼효(混淆) : 뒤섞여서 분간할 수 없게 됨.

출전(出典) : 포박자(抱朴子)의 외편. 상박편.
포박자란 갈홍(葛洪)의 칭호였으며, 그가 어디서 태어나 어디서 죽었는지는 분명치 않다. 다만, 갈홍전에 의하면, 그는 81세에 죽었는데 그 안색이 살아 있는 것처럼 생생했고 몸 또한 유연해 그 당시 사람들은 그를 가리켜 시해선(尸解仙)이라고 불렀다 한다.

　진실과 거짓이 뒤바뀌고, 옥석혼효처럼 좋은 음악을 천한 음악과 같이 취급하며, 깨끗한 옷을 지저분한 옷처럼 생각하니 이거야말로 한심스런 일이다.

　포박자의 이 말은 세상 사람들이 천박한 글을 좋아하고 고전을 업신여기며 교훈을 싫어하고 '교언영색'을 좋아하는 풍조를 개탄한 말로서 「옥석혼효」의 뜻을 강조한 것이다. 현대인으로 말하자면, 좋은 사람과 나쁜 사람이 뒤섞여 선과 악을 구별할 수 없다는 것이다.
　이 혼탁한 세상을 살다 보면 진짜보다 가짜가 더 돋보이는 경우가 있다. 그 한 예로 진짜와 거의 흡사하게 만들어져 시장에 유통되는 메이커 상품들을 들 수 있으며, 이것을 모를 리 없는 소비자들은 싼 맛에 이 가짜 상품을 구입하여 진짜 행세를 하며 폼을 잡는다는 것이다.

익힐	옛	알	새로울
溫	故	知	新
온	고	지	신

옛것을 익혀 새로운 것을 알다

온순(溫順) : 성질이 온화하고 양순함.

고사(故事) : ① 옛날에 있었던 일. ② 선례.

지신(知新) : 새로운 것을 알다.

신성(新星) : ① 새로 발견된 별. ② 어떤 특정 직업에서 새로 두각을 나타내는 사람.

출전(出典) : 논어의 위정편.

　공자 왈(曰), 옛것을 익히고 새로운 것을 터득하면 능히 다른 사람의 스승이 될 수 있다.

　논어 위정편에 나오는 이 명언은 빠르고 새로운 것만을 찾는 신세대들에게 큰 교훈이 된다. 과거 없는 현재가 존재할 수 없지만, 그렇다고 고집스럽게 옛것만을 고수한다면 새로운 세계는 열리지 않는다. 그리고 또 과거를 무시하고 새로운 것에만 집착한다면 이것 또한 잘못된 생각이다. 새로운 것은 옛것이라는 초석이 있기 때문에 가능한 것이기 때문이다.

　고전이란 우리 모두가 읽기를 바라면서도 잘 읽으려 하지 않는 책이다.

　마크 트웨인의 말처럼 고전은 읽기 힘들다. 그러나 당신이 '오하아몽'이 되기 싫다면 고전을 읽어야 한다. 고전 속에는 당신을 새로운 세계화로 인도하는 길이 있기 때문이다.

누울	섶나무	맛볼	쓸개
臥	薪	嘗	膽
와	신	상	담

장작더미 위에 누워 쓸개를 씹다

와룡(臥龍) : ① 엎드려 있는 용. ② 간웅(姦雄)이 숨다.

신탄(薪炭) : 섶나무(땔나무)와 숯.

상담(嘗膽) : 쓸개를 씹다.

담대(膽大) : 간이 큼. 대담함.

출전(出典) : 사기의 월세가(越世家).

　오나라 왕 합려(闔閭)가 월나라를 치다가 대패(大敗)하여 독화살을 맞고 죽으면서 아들 부차(夫差)에게 복수해 달라는 유언을 남겼다.
　이에 부차는 매일밤 비단이불 대신 장작더미 위에 누워 자면서 복수심을 불태웠다.
　이 소문을 들은 월왕 구천(句踐)이 복수의 불을 끄기 위해 부차를 공격했으나 오히려 패하여 포로가 되고 말았다.
　그러자 구천은 치욕을 무릅쓰고 부차의 신하가 될 것을 자청하여 겨우 목숨을 건졌는데, 월나라로 돌아온 구천은 잠자리에다 쓸개를 매달아 놓고 자나 깨나 핥으면서 복수의 칼날을 갈았다.
　이렇게 복수의 쓸개를 씹기 십여 년. 드디어 부차가 자신에 대한 방비를 게을리한 틈을 타 구천은 군사를 일으켜 오나라를 공격해 쑥밭을 만든 다음 부차를 생포했다. 그리고 구천 역시

와신상담(臥薪嘗膽)　353

옛날 부차의 호의를 생각해 목숨만은 살려 줄 생각이었으나 부차는 구차한 삶보다는 자결을 택해 구천의 호의를 거절했다.

이렇게 부차의 '와신'과 구천의 '상담'이라는 고사에서 「와신상담」이란 말이 유래되었으며, 지금도 「와신상담」은 변함없이, 어떤 목적을 달성하기 위해서는 쓰라린 경험을 맛봐야 한다는 뜻으로 인용된다.

"인내는 쓰지만 그 열매는 달다"고 했다. 우리가 사회 생활을 하다 보면 직장인은 물론 수험생, 주부 할 것 없이 정신적으로나 육체적으로 갖가지 어려움을 겪게 되는데, 어쩌랴, 달콤한 열매를 맺기 위해서는 참을 수밖에.

인내는 일을 지탱해 나가는 하나의 자본이다.

발자크의 교훈이다.

달팽이	소	뿔	위	어조사	다툴
蝸	牛	角	上	之	爭
와	우	각	상	지	쟁

달팽이 뿔 위에서의 쟁투

와(蝸) : 달팽이.
우각(牛角) : ① 쇠뿔. ② 호각(互角).
각상(角上) : 뿔 위.
지(之) : ① 가다. ② 이, 그(대명사). ③ 어조사.
쟁투(爭鬪) : 서로 다투어 싸움.

출전(出典) : 장자의 즉양편.

와우각상지쟁(蝸牛角上之爭)　355

　　제나라와 위나라가 불가침 동맹을 맺었으나 제나라가 일방적으로 동맹을 파기했다. 이에 화가 난 위나라 혜왕(惠王)이 제나라를 무력으로 응징하고자 신하들의 의견을 물었는데, 신하들은 찬반론으로 갈라져 논쟁만 거듭할 뿐 뚜렷한 묘안이 나오지 않았다.
　　이때 재상인 혜시가 왕에게 대진인(戴晋人)이라는 인물을 추천했다. 왕과 함께 한 자리에서 대진인이 혜왕에게 말했다.
　　"달팽이 왼쪽 뿔에는 촉씨라는 자의 나라가 있고 오른쪽 뿔에는 만씨라는 자의 나라가 있었사옵니다. 그들은 늘 영토 싸움으로 수만의 희생자를 내면서도 피를 부르는 싸움을 계속해 지켜울 정도였사옵지요."
　　그리고 나서 대진인은 이러한 질문을 던졌다.
　　"왕께서는 이 우주에 끝이 있다고 생각하시옵니까?"
　　"그야 우주는 끝이 없겠지……."
　　혜왕이 이렇게 대답하자 대진인은 본론을 꺼냈다.

356 고사성어 대백과

"그렇다면 무한한 우주에 비해 제나라를 무력으로 응징할까 말까 하는 왕과 와우각상의 촉씨와 반씨의 싸움에는 어느 정도 차이가 있겠사옵니까?"

이에 혜왕은, "다를 것이 없겠지"하며 쓴웃음을 짓고는 자신의 행동을 부끄럽게 생각했다고 한다.

이 고사는, 우주에 비하면 보잘것 없는 '와우각상'에서 싸운들 그 무슨 유익한 일이 있겠느냐고 충고한다.

그렇다면 이 장을 돋보이게 한 디킨즈의 명언을, 요즘도 종교나 지역패권을 들먹이며 전쟁을 일삼는 전쟁광들에게 들려 주자.

　　　평화란 무엇인가? 그것은 전쟁으로 해결할 수 있겠는가? 노우! 그럼 그것은 사랑스럽고, 조용하고, 아름답고, 온화하고, 기쁜 것이냐? 오! 예스.

※ 디킨즈(1812~1870) : 영국의 소설가(대표작 : 올리버 트위스트).

나라	동녘	돼지
遼	東	豕
요	동	시

요동의 돼지

요동시(遼東豕) : 요동의 돼지란 뜻으로, 세상 물정에 어두워 혼자서
　　　　　　　만 뛰어난 인물로 자만하는 어리석음을 풍자한 말.
시훼(豕喙) : 돼지 주둥이. 욕심이 많은 상(相).

출전(出典) : 후한서. 문선.

　후한(後漢)을 세운 광무제(光武帝) 초, 천하는 아직 전화의 여진이 꺼지지 않고 각처에서 반란 세력들이 기회만 있으면 중원으로 쳐들어갈 생각을 하고 있을 때였다. 무공을 세워 광무제의 총애를 받고 있던 어양태수 팽총(彭寵)도 이런 부류에 속했다.
　그때 이런 사실을 눈치챈 유주의 지방장관 주부(朱浮)가 이 사실을 광무제에게 보고하자 울화가 치민 팽총이 군사를 일으켜 주부를 치려고 했다.
　그러자 주부는 팽총에게 불충(不忠)을 꾸짖는 글을 써 보내 팽총의 울화를 더욱더 치밀게 만들었다.
　"옛날 어떤 사람이 요동 땅에서 머리가 흰 돼지새끼를 얻게 되자 희귀한 돼지라 생각하고 왕에게 헌상하기 위해 그 돼지를 가지고 강동 땅까지 갔는데, 그곳의 돼지들이 모두 다 흰 돼지라는 것을 알고 되돌아갔소. 이와 마찬가지로 당신이 잔재주만 믿고 반역을 꾀한다면, 당신은 요동의 돼지처럼 한낱 보잘것 없

는 인물에 불과할 것이오. 고로 경고하건대 반역음모를 중지하시오."

드디어 화가 폭발한 팽총은 반란을 일으켰다가 2년 후 대참패와 함께 요동의 돼지 꼴이 되고 말았다.

이때부터 「요동시」 하면 팽총같이 어리석은 사람을 가리켜 빈정거리는 말로 쓰이게 되었다. 그런 뜻에서 다음과 같은 교훈은 현대인들에게 시사하는 바가 크다.

신이 이 세상을 창조하시면서 동물들을 불러 모은 다음 무엇을 먹고 살 것인가를 묻자, 소는 풀이라도 배불리 먹고 살겠다고 대답했으며 개는 사람이 먹다 남은 찌꺼기나 먹고 살겠다고 대답했다.

그러나 돼지는 언젠가 어디서 한 번 훔쳐먹은 꿀맛을 잊지 못하여 꿀만 먹고 살겠다고 대답했다.

그러자 화가 난 신이 돼지에게 호통을 쳤다.

"이놈! 사람도 먹고 싶을 때 못 먹는 꿀을 돼지가 먹겠다고? 너는 자기 분수도 모르는 놈이니 지저분한 것만 먹고 지저분한 데서 살도록 하여라."

이렇게 해서 돼지는 지금까지도 그때 훔쳐먹은 꿀맛을 잊지 못하고 '꿀! 꿀! 꿀!' 하며 살게 됐다고 한다.

이것은 곧 자기 분수도 모르고 남의 것만 탐내는 팽총 같은 사람들을 두고 한 말이거늘, 욕심 많은 현대인들은 아직까지도 정신을 차리지 못하고 꿀꿀거리는 돼지처럼 꿀맛의 악몽에서 헤어나지 못하고 있다. 그 짓을 멈추지 않는다면 결국 팽총의 말로처럼 요동 돼지 꼴이 되어 꿀독에 빠져죽게 되고 말 것이다.

화톳불	들판	어조사	불
燎	原	之	火
요	원	지	화

빠른 속도로 타들어 가는 들판의 불길

요원(燎原) : 화톳불처럼 타는 들판.
지(之) : ① 가다. ② 이, 그(대명사). ③ 어조사.
화력(火力) : 불의 힘.

출전(出典) : 서경의 반경.

362 고사성어 대백과

　그대들은 어찌 나도 모르게 뜬소문을 남발해 백성들을 공포 속에 몰아넣으려고 하는가? 그 소문이 요원의 불길처럼 퍼지면 그 불을 어찌 끄려고?

　이 말은 은나라 탕왕의 10대손인 반경(盤庚)이 수해를 피하기 위해 수도를 이전하면서 미리 신하들의 입을 막으려고 선수친 것으로, 여기서 「요원지화」란 요원의 불길처럼 소문 등이 퍼진다는 뜻이다.

　1994년 10월 27일 오후, 청와대에서 이례적인 행사가 벌어졌다. 그 이례적인 일이란 청와대 출입기자들에게 대통령 관저 뒷산에 있는 불상을 공개한 것이다. 그 이유는 성수대교 붕괴사건 등 그 동안 연달아 대형사고가 발생하면서 시중에 괴상한 유언비어가 요원의 불길처럼 퍼져 걷잡을 수 없었기 때문이다.

　이런 유언비어의 핵심 내용은 독실한 기독교 신자인 김영삼 대통령이 청와대에 들어가면서 경내의 불상을 치워 버리는 바람에 끔찍

한 대형사고가 줄줄이 사탕 식으로 연달아 발생했다는 것이다.

이런 유언비어에 청와대 측은 미묘한 종교적 갈등 때문에 고민하다가 결국은 요원의 불길을 끄자는 뜻에서 언론 쪽에 불상을 공개했던 것이다.

이렇게 해서 일단 그 소문은 잠잠해졌으나 이번에는 또 청와대 내의 연꽃을 없앴기 때문에 그런 대형사고들이 빈발한다는 소문이 나돌았다. 그러나 청와대 안에는 연꽃이 자랄 만한 연못이 없었기 때문에 그 소문은 잠시 반짝 하다가 사라졌다. 진짜 소문 한번 무섭다.

> 추악한 소문을 퍼뜨리는 사람은, 그가 언제 그런 일을 그만둔다는 것을 안다면, 오히려 사회의 안녕 복지를 위해서는 가끔 있어야 할 존재다.

루즈벨트의 충고처럼 이런 유언비어들은 필요악인 셈이다.

욕심	빠를	아니	이를	욕심	공교할	돌이킬	못날
欲	速	不	達	欲	巧	反	拙
욕	속	부	달	욕	교	반	졸

급하게 서두르면 일이 도리어 성사가 안 된다

욕속부달(欲速不達) : 너무 빨리 하려고 서두르면 도리어 성사가 안 됨.

욕교반졸(欲巧反拙) : 잘하려고 하다가 도리어 잡쳐 놓음.

출전(出典) : 논어의 자로편.

자하(子夏)가 거보라는 고을의 장관이 되면서 공자에게 정치하는 방법에 대해 묻자 공자는 이렇게 대답했다.
"급히 서두르지 말고 작은 이익을 꾀하지 말라. 급하게 서두르면 통달하지 못하고, 작은 이익을 꾀하려 들면 큰일을 이루지 못하기 때문이다."
이것이 이 장의 정의다. 급하게 서두르면 안 된다는 뜻인데, 이 말은 마치 한국인을 두고 한 말처럼 들린다.

작은 그릇으로 물을 끓이면 빨리 더워진다. 이런 게 소인이다.

공자의 말처럼 우리나라 사람들은 일단 한번 일을 시작했다 하면 물 불 안 가리고 화끈하게 처리한다. 주위 사람들이 보기에는 시원할지 몰라도 당사자에게는 '속 빈 강정'이라는 우리의 속담처럼 실속이 없다.

용	머리	뱀	꼬리
龍	頭	蛇	尾
용	두	사	미

머리는 용, 꼬리는 뱀

용두사미(龍頭蛇尾) : 용의 머리에 뱀의 꼬리란 뜻으로, 처음엔 잘 나가다가 나중에는 별볼일 없게 된다는 뜻.

출전(出典) : 백암집.

용두사미(龍頭蛇尾)

전국 방방곡곡을 돌아다니면서 산전수전 다 겪은 바 있는 진존자(陳尊者)라는 노인이 어느 날 어떤 중을 만나 설법을 듣게 되었다. 그런데 그 시작은 그럴듯했으나 끝마무리가 엉망이었다. 그래서 진노인은 중에게 다가가 빈정거렸다.

"당신의 설법은 훌륭하지만 용두사미처럼 끝이 엉망이구료."

마치 용의 경지에 도달한 도승처럼 행동하던 그 중은 자신의 꼬리가 들키는 순간, 급히 꼬리를 감추고 뱀처럼 슬금슬금 어디론가 도망쳐 버렸다.

1980년대에 들어서면서부터 우리나라는 빠른 경제성장으로 인해 아시아의 떠오르는 4마리 용에 비유된 적이 있다. 그러나 자만심에 빠져 샴페인을 너무 일찍 터뜨리다가 그만 개발도상국의 추격에 꼬리를 잡혀 「용두사미」 국가로 전락해 개망신을 당한 적이 있다.

"나의 사전엔 불가능이 없다"고 큰소리쳤던 나폴레옹이 중국

368 고사성어 대백과

을 드래곤(Dragon), 즉 용(龍)이라고 표현하면서 이렇게 말했었다.

"잠자는 거인(중국)을 깨우지 않는 것이 좋다. 그러면 전세계를 움직이려고 할 테니까."

나폴레옹이 이렇게 중국을 크게 주목한 것은 아마 그가 늘 참고서처럼 갖고 다녔던 손자병법 때문이었을 것이다. 어마어마한 땅덩어리에 누군가가 깨워 주기를 바라는 손자 같은 인물을 두려워했기 때문이다.

그런 반면에 중국의 노벨상 수상 작가 임어당(林語堂)은 중국에 대해 드래곤(Dragon)이 아닌 드래그 온(Drag on)이라고 주장했다.

지금 상해 거리에 겉보기엔 인력거꾼 같은 한 중국인이 서 있다. 그는 차림새도 누추하고, 백인들이 비웃으며 심하게 발길질

용두사미(龍頭蛇尾) 369

을 해도 그저 모르는 척 그 수모를 꾹 참고 있다. 그러나 그 사람이 바로, 그 옛날 영광된 희랍 로마문명은 이미 단절되고 없는 것에 비해 3대 문명 가운데 하나인 황하문명 '드래그 온'을 5천 년간 지켜 온 민중의 한 사람이라는 것을 알아야 할 것이다.

임어당이 주장했듯이 중국인들은 끈질기게 끌어내는 저력이 있는 '드래그 온'임에 틀림없다. 그리고 그 끈질긴 저력의 힘은 다음 페이지에 소개될 '우공이산' 정신에 있다는 것을 한국인들은 느낄 것이다.

그렇다면 앞으로 중국이 세계를 석권하는 진짜 용이 되고 우리나라는 가짜 용인 「용두사미」로 머문다는 뜻인가? 아니다. 우리도 용이 될 수 있다, 꼬리만 용의 것으로 대체한다면.

※ 임어당(1895~1976) : 근대중국의 대표적 석학.

어리석을	어른	옮길	뫼
愚	公	移	山
우	공	이	산

어리석은 우공이 산을 옮기다

우공(愚公) : 자기 집앞의 산을 딴 곳으로 옮기려고 산의 흙을 퍼 날랐다는 사람.
공(公) : ① 공평함. ② 공적. ③ 존칭어.
이산(移山) : 산을 옮기다.

출전(出典) : 열자의 탕문편.

우공이산(愚公移山) 371

중국 전설에 의하면, 옛날 중국 기주(冀州)의 남쪽과 북쪽에 거대한 산이 있었는데, 그 산은 태행산(太行山)과 왕옥산(王屋山)으로 사방 7백 리에 높이가 1만 길이나 되었다고 한다.

그런데 이 산 근처에 사는 우공(愚公)이란 노인이 어느 날 온 가족을 모아 놓고 이렇게 말했다.

"저 앞산 때문에 우리가 나다니기에 불편하구나. 그래서 너희들과 힘을 합쳐 저 산을 깎아내 평지로 만들 생각이니, 내 뜻에 모두 따르도록 하거라."

그리고 그 다음날 아침 일찍부터 우공은 처와 자식과 손자까지 총동원해 산을 깎아내리기 위해 흙과 돌을 파헤쳐 멀고 먼 발해까지 운반하기 시작했다.

이 장면을 본 지수(智叟)라는 사람이 말했다.

"영감님, 정말 한심하군요. 저 산을 옮기려면 몇 천 년이 걸릴지도 모르는데 그때까지 영감님이 사실 수 있겠습니까?"

그러자 우공 노인이 이렇게 대답했다.
"내가 이 일을 하다가 언젠가는 죽겠지. 그러나 내가 죽더라도 내 자식이 이 일을 계속할 것이며, 내 자식이 죽으면 손자가, 손자가 죽으면 또 손자의 손자가 계속 이 일을 해 나간다면 언젠가는 틀림없이 저 산이 평지가 될 때가 오지 않겠나?"
이에 지수라는 자는 하도 기가 막혀 할말을 잃고 말았다. 그러나 이때, 지수보다 더 기가 막힌 것은 그 산의 산신령들이었다. 우공 노인 말대로라면 자신들의 거처가 없어지기 때문이었다. 그래서 산신령들은 급히 하늘로 올라가 천제(天帝)에게 그 사정을 호소했다.
그러자 천제는 우공의 끈질김에 감탄한 나머지 산을 옮길 수 있는 힘을 지닌 신에게 명령해 두 산 중 하나는 삭동 땅으로, 또 하나는 옹남 땅으로 옮겨놓게 했다.
그 후 익주의 남쪽과 한수의 남쪽에는 낮은 야산도 보이지 않

우공이산(愚公移山) 373

게 되었다.

 이 전설적인 우화에서 「우공이산」이란 말이 생겨났는데, 이 우화에 등장하는 우공과 지수 또한 현대인들에게 시사하는 바가 크다.

 우공과 지수 중에 누가 우(愚)고 누가 지(智)냐는 문제가 제기된 것이다. 그래서 그 후 사람들은 이 문제를 놓고 다음과 같이 풀이했는데, 역시 중국인다운 기질이 엿보인다.

 무릇 천하지사 우공의 뜻이라면 언젠가는 틀림없이 한 번은 성취될 것이다. 그런 반면에 세상에서 똑똑하다는 사람들이 보기에는 지수와 똑같은 생각으로 우공의 무지함을 비웃겠지만 우공 같은 결과는 얻지 못한다. 그렇다면 결과적으로 세상에서 말하는, 이른바 미련한 우(愚)가 오히려 지혜가 많은 지(智)가 되고 반대로 지(智)가 우(愚)가 된다.

374 고사성어 대백과

중국의 위대한 조타수 모택동도 이 우공정신을 칭송해 '현대의 우공이 되자!'라는 슬로건을 내건 적이 있었듯이, 끈질기게 물고 늘어지는 이 우공정신은 전 장 '용두사미'에서 잠시 소개한 임어당의 '드래그 온' 정신과 함께 중국인 특유의 '만만디(천천히)'의 전형인 것이다.

성급하고 과열되기 쉬운 성격을 가진 한국인들은 이 우공정신을 한 번쯤 되새겨 볼 필요가 있다. '욕속부달욕교반졸'의 주인공이 되지 않으려면 말이다.

"바쁘다, 바빠"라는 말을 입에 달고 다니는 우리 이웃에게 우공정신으로 느긋하고 여유만만하게 미소지으며 무서운 저력으로 잠에서 깨어나 용트림하는 '드래그 온'이 있다는 사실을 절대로 잊지 말아야 할 것이다. '용두사미'와 같은 꼴이 되지 않기 위해서다.

중국은 지금 등소평의 경제 개방에 힘입어 「우공이산」에 불을

우공이산(愚公移山) 375

붙여 선진국을 따라잡으려고 노력하지만, 그 속도는 빠르지 못해 10년 안에는 그 간격이 크게 좁혀지지 않을 것이다. 그러나 50년 후, 아니면 100년 후쯤에는 선진국을 추월할 공산이 크다. 이 점에 대해 필자 또한 우공정신으로 독자들에게 약속할 수 있다.

그리고 굳이 이 장을 통해 한국인과 중국인을 비교하자면, 우공을 중국인의 전형으로, 우공을 비웃었던 지수를 한국인의 전형으로 볼 수 있겠다. 그리고 중국인이 거북이라면 한국인은 토끼라고 볼 수 있을 것이다. 물론 서로에게 장단점은 있겠으나 중국인의 장점을 우리것으로 소화시켜 단점을 없애는 것이 나쁠 것은 없겠다.

소	앞	퉁길	거문고
牛	前	彈	琴
우	전	탄	금

소 앞에서 거문고를 타다

우이독경(牛耳讀經) : 쇠귀에 경 읽기. 어리석은 사람은 아무리 가르쳐도 알아듣지 못한다는 뜻. 우이송경(牛耳誦經).

전자(前者) : ① 지난번. ② 먼저 지적한 사물이나 사람.

탄금(彈琴) : 거문고를 탐.

출전(出典) : 홍명집(弘明集).

우전탄금(牛前彈琴) 377

　후한 말기의 모융(牟融)이란 학자는 불교학에 밝았는데, 유학자들에게 불교를 설파할 때는 불전이 아닌 유학의 경전인 '시경'과 '서경'을 인용하곤 했다.
　이에 유학자들이 항의를 하자 모융이 말했다.
　"당신들은 불전(不典)을 읽은 일이 없으므로 나는 당신들이 잘 알고 있는 경전(經典)을 인용한 것뿐이오."
　그리고 나서 그는 그들에게 다음과 같은 고사를 들려 주었다.
　"어느 날 거문고의 명수인 공명의가 소에게 거문고 소리를 들려 주었는데, 소가 그 음의 뜻을 알아듣지 못하고 딴전을 피우자 공명의는 음을 바꿔 송아지의 울음 소리와 비슷한 음을 켰다오. 그러자 그때서야 비로소 소는 공명의의 음악에 귀를 귀울였다는데, 이처럼 나도 여러분에게 같은 뜻으로 시경을 인용했을 뿐이오."
　이에 유학자들도 그 뜻을 알고 모융의 설파에 소처럼 귀를 바

짝 기울였다고 한다.

  소에게 아무리 훌륭한 거문고 소리를 들려 주어도 그 뜻을 알지 못하는 것처럼, 무슨 말인지 알아듣지 못하는 사람에게 어려운 불전을 설파한다는 것은 「우전탄금」과 같다는 뜻이다.

  「우전탄금」은 우리나라 속담 "쇠귀에 경 읽기"와 같은 뜻이다.

멀	곧을	어조사	셀
迂	直	之	計
우	직	지	계

돌아가는 길을
직행하듯이 가라는 계책

우회(迂回) : 돌아서 감. 빙 둘러감.
직진(直進) : ① 똑바로 나아감. ② 곧 나아감.
지(之) : ① 가다. ② 이, 그(대명사). ③ 어조사.
계략(計略) : 계책과 모략.

출전(出典) : 손자병법의 군생편.

　손자 왈(曰), 군쟁(軍爭)의 어려움은 돌아가는 길을 직행하는 길인 듯이 가고 불리한 우환을 이로움으로 만드는 데 있다. 고로 그 길은 돌기도 하고, 이익을 던져 적을 유인하기도 하고, 상대방보다 늦게 출발하고서도 먼저 도달하기도 한다. 이런 사람이 우직의 계를 아는 사람이다.

　이 장의 보충설명은 이렇다.
　작전 중 한 지역에서 다른 지역으로 이동할 때 직선 코스가 돌아가는 것보다 훨씬 빠르다는 것은 누구나 알고 있는 상식이다. 바로 이것을 역이용해 일부러 멀리 돌아서 가는 척해 적군을 안심시킨 다음 신속하게 작전을 개시하라는 것이 이 장의 핵심이다.
　병법(兵法)과 상법(商法)은 상통한다는 것이 일반적인 상식이듯, 이런 손자병법도 경영학에 있어서 참고서 역할을 한다. 특

히 동남아 상권을 쥐고 있는, 속된 말로 동남아 경제 마피아로 통하는 화교들이 자녀들에게 상술의 노하우를 전수시킬 때 필수적으로 따르는 것이 손자병법 참고서이며, 그 자손들은 대대로 이 참고서에 따라 상법을 전개해 나가고 있다.

  그래서 그들은 미국과 일본이 무역전쟁으로 피를 흘리고 있을 때 그 여파를 별로 타지 않았고, 발 빠른 한국인이 직선 코스로 속력을 낼 때도 그들은 오히려 우회 코스를 택해 속도를 조절해 나가고 있다.

  이것이 곧 이 장에서 강조하는 「우직지계」의 핵심이다.

깃	화할	오를	신선
羽	化	登	仙
우	화	등	선

날개가 돋아 신선이 되어 하늘로 오르다

우화(羽化) : ① 번데기가 날개가 돋아 나방으로 됨. ② 선인(仙人)이 됨. ③ 도사(道士)의 죽음.
화합(化合) : 두 가지 이상의 물질이 화학변화를 일으켜 새로운 물질이 되는 현상.
등선(登仙) : ① 신선이 되어 하늘로 올라감.
선경(仙境) : 신선이 사는 곳.

출전(出典) : 소동파의 전적벽부.

우화등선(羽化登仙) 383

　임술년 가을 7월 16일. 소자(소동파)는 손과 함께 배를 띄워 놓고 적벽 아래에서 놀았으나 (중략)…… 훌쩍 이 세상을 버리고 홀몸이 되어 날개가 돋아 신선처럼 하늘로 오르는 것만 같구나.

　소동파의 이 글은 불교와 도교사상에 깊은 영향을 받아 지금까지도 많은 사람들에게 호감을 받고 있으며, 「우화등선」은 여기서 유래되었다.
　유교에선 신(神)을 부정하지만 도교에선 신의 존재가 큰 비중을 차지해 신들에 대한 얘기가 많다. 도교는 한마디로 유교에서 느낄 수 없는 순진무구함과 발랄한 호기심, 그리고 신비스런 세계를 보여 준다.
　이것은 곧 중국인들이 엄격한 유교의 규범 속에서 상처받은 마음을 도교의 신비스런 철학에서 위안을 구하는 것과 일맥상통하며, 우리도 이 장의 정의를 도교에서 찾아보자.

　사람에게는 누구나 낭만주의와 고전주의의 양면성이 있듯이 중국인들의 민족성에도 고전주의 학파에 속하는 유교파와 도교에 속하는 낭만파가 자리잡고 있다.

　이 점에 대해 중국의 소설가이자 문명 비평가인 임어당은, "유교는 본질적으로 도시의 철학이고 도교는 반대로 시골의 철학을 대표한다"고 주장했다.

　현대의 학자들이 도시에 살면서 정부에서 허가한 살균한 특제 우유를 마시고 있을 때 시골의 도학자들은 유유자적하며 방금 짠 우유를 마시는 것과 같은 이치다. 유교가 인간의 내면을 성장시키는 데 주력하는 것이라면 도교는 그 내면을 지켜보며 미소를 짓는 것이다.

　그래서 흔히 사람들이 크게 성공했을 때는 공자의 철학을 들먹이고 실패했을 때는 도교의 철학으로 위로를 삼는 것이다. 소동파의 「우화등선」처럼 말이다.

돌	쓸	어조사	묘	있을	한	마음
運	用	之	妙	在	一	心
운	용	지	묘	재	일	심

운용의 묘는 자기 마음에 달렸다

운용(運用) : 부리어 씀.
지(之) : ① 가다. ② 이, 그(대명사). ③ 어조사.
묘수(妙手) : ① 교묘한 수법. ② 뛰어난 솜씨.
재일심(在一心) : 자기 한마음.

출전(出典) : 송사(宋史)의 악비전.

　송(宋)나라 말기, 금나라(여진족) 대군의 침략으로 수도 변경(卞京)이 함락되자 송나라는 남쪽으로 천도하였다. 이때 제1선을 지킨 종택(宗澤) 밑에 악비(岳飛)라는 젊은 장수가 있었는데, 그는 비록 농민 출신이었으나 가공할 힘과 용기와 재능을 두루 갖춘 장수였다.
　종택은 어느 날 악비에게 이렇게 말했다.
　"자네의 용기와 재능은 매우 뛰어나나 4군의 진영을 짜는 방식이 조금 약한 것 같네."
　그러자 악비는 고개를 똑바로 들고 힘차게 대답했다.
　"진(陳)을 치고 그 다음에 싸운다는 것은 병법의 기본 상식입니다. 그러나 운용의 묘는 자기 마음에 달렸습니다."
　전술은 방식이다. 그 모양만으로는 쓸모가 없고 이것을 얼마만큼 제대로 활용하느냐가 관건인데, 그것은 그 사람의 마음 하나에 달려 있다는 주장이다.

그 후 악비는 이 「운용지묘재일심」에 따라 금나라 대군과의 전투에서 큰 공을 세워 명성을 날렸다.

이 '운용의 묘'는 비단 전쟁에만 국한된 것이 아니라 일반적으로도 많이 사용되고 있다. 그 한 예를 들어 보자.

1956년 세실 B. 드밀 감독이 '이스라엘 민족이 모세로부터 십계를 받는 장면'을 찍을 때였다. 감독은 군중으로 동원된 수많은 엑스트라의 연기가 마음에 들지 않자 그들을 집합시킨 뒤 이렇게 말했다.

"우리와 함께 촬영중이던 배우 한 명이 오늘 아침에 8명의 자식을 남겨놓은 채 사망했습니다. 우리 다 함께 고인의 넋을 기리기 위해 2분간 묵념합시다."

이에 엑스트라들이 엄숙하고 슬픈 표정으로 묵념하자 이 때를 놓치지 않고 카메라가 돌아갔다. 감독이 원했던 장면이 이렇게 해서 탄생되었던 것이다.

388 고사성어 대백과

　물론, 이때 촬영 도중에 사망한 사람은 아무도 없었다. 단지 감독이 '십계'의 명장면을 찍기 위해 선의의 거짓말을 연출했을 뿐이다. 즉 감독은 이 장의 「운용지묘재일심」을 인용해 운용의 묘를 살렸던 것이다.

　이웃에게 거짓말을 하지 말라!

　십계명에 나오는 말이다. 그런데 아이러니컬하게도 이 말이 무시된 채 영화 '십계'의 가장 유명한 장면은 이렇게 감독의 거짓말에 의해 만들어졌던 것이다. 결과적으로 말하자면, 결국 이런 운용의 묘는 사회, 군사, 정치, 경영 다방면에 걸쳐 필요악인 셈이다.

돌	꾀	휘장	장막
運	籌	帷	幄
운	주	유	악

장막 안에서 주산으로 운용하다

운영(運營) : 조직·기구 등을 운용(運用)해 경영함.
주산(籌算) : ① 주판으로 계산함. ② 계책. 주략.
유악(帷幄) : 휘장과 장막.

출전(出典) : 사기의 고조본기.

　어느 날 천하통일의 대업을 이룬 한고조(유방)가 공신들에게 잔치를 베풀어 주면서 물었다.
　"내가 천하를 얻은 이유와 항우가 천하를 잃은 이유가 어디에 있는지 경들은 알고 있소?"
　그러자 신하 두 사람이 이렇게 대답했다.
　"폐하께옵선 전투에서 이겼을 때 공을 세운 사람에게 그 공적만큼 상을 주셨지만, 항우는 욕심이 많아 전투에서 이겼어도 그 공을 세운 사람에게 대우를 시원찮게 해주었기 때문에 천하를 잃은 것이옵니다."
　그러자 고조는 다음과 같이 그 이유를 들었다.
　"경들은 하나만 알고 둘은 모르는 것 같소. 내가 천하를 얻은 것은 장량(張良)의 운주유악 때문이며, 또한 어려운 여건 속에서도 군대의 보급물자가 끊어지지 않게 도와준 소하(蕭何)와, 백만의 군사를 거느리고 싸우면 반드시 승리를 낚아챈 대장군 한신

운주유악(運籌帷幄) 391

(韓信)이 있었기 때문이오. 이 세 사람은 우수한 인재들로서, 나는 단지 이들을 장막 안에서 지시했을 뿐이오. 그러나 항우는 명참모 범증 한 명조차 제대로 다루지 못했기 때문에 나에게 패한 것이오."

　여기서 「운주유악」이란 말이 생겼으며, 이 「운주유악」을 현대 용어로 바꿔 말하자면, 정부와 대기업의 '기획조정실'이라고 할 수 있다. 그리고 장량이 기획조정실장이라면 한신은 군 총사령관이며, 소하는 군사물자 보급 사령관인 셈이다. 특히 이 3인방 중에 두각을 나타낸 사람은 「운주유악」의 주인공인 장량이다. "장막 속에서 계략을 세우고 승리를 천리 밖에서 결정지었다"는 장량, 이 장량과 같은 사람이 우리나라에도 있다면 민족의 염원인 남북통일은 보다 빨리 앞당길 수 있으리라.

멀	사귈	가까울	칠
遠	交	近	攻
원	교	근	공

먼 나라와는 친하고 가까운 나라는 공략하라

원격(遠隔) : 멀리 떨어짐.

교린(交隣) : 이웃나라와 사귐.

근처(近處) : 가까운 곳.

공략(攻略) : 남의 땅을 쳐서 빼앗음.

출전(出典) : 전국책. 사기.

원교근공(遠交近攻) 393

　진(秦)나라 소양왕 36년, 위(魏)나라의 책사(策士)였던 범수(范雎)가 진나라로 망명하면서 소양왕에게 다음과 같은 계책을 설명했다.
　"한(韓)나라와 위나라를 치지 않고 강국인 제(齊)나라를 치려는 것은 좋지 않사옵니다. 왕께옵서는 가급적 아군의 병력을 아끼면서 동맹국인 한과 위의 병력을 전면전에 앞장세우려 하시나 그것보다는 동맹국을 신용하지 말고 남의 나라를 지나서 공략하는 것이 어떨는지요?
　전에 제나라의 민왕은 멀리 떨어져 있는 초(楚)나라를 치는 바람에 동맹국에게 지리 여건상 부담을 주었고, 결국엔 그것 때문에 배반을 당해 악의에서 패했사옵니다. 이때 어부지리로 이득을 본 나라는 바로 옆에 있는 한나라와 위나라이옵니다. 이것은 마치 적군에게 군사를 빌려 주고 도둑에게 식량을 내준 격이옵지요. 고로 지금 왕께옵서 취하셔야 할 방법 중에서 제일 좋은

방법은 바로 원교근공 책략이옵니다."

'원교'는 먼 나라와는 친하게 지내라는 뜻이고 '근공'은 국경을 맞대고 있는 이웃나라는 공략하라는 뜻으로, 그 후 진나라는 이「원교근공」의 책략에 힘입어 천하통일을 이룩하는 대업을 이루었다.

이런「원교근공」군사정책을 충실히 수행한 나라로는 우리나라를 침략해 36년 동안 식민지 통치를 했던 일본을 들 수 있고, 남한을 침략해 지금까지 분단의 고통을 안겨 준 김일성 또한 그와 유사한 경우이다.

그래서 이 장의 정의는 우리에게 좋은 인상보다는 씁쓸한 느낌을 준다. 따라서 우리도 앞으로 우리가 당한 만큼 이들에게 빚을 갚자. 경제대국이 되어 빚을 갚자는 뜻이다. 우리는 빚을 지고는 잠이 안 오는 민족이니까.

멀	물	아니	건질	가까울	불
遠	水	不	救	近	火
원	수	불	구	근	화

멀리 있는 물로는 가까운 곳의 불을 끌 수 없다

원수(遠水) : 멀리 떨어져 있는 물.

불길(不吉) : 상서롭지 못함.

구화(救火) : ① 불을 끔. ② 반딧불의 이칭.

근화(近火) : 가까운 곳의 불.

출전(出典) : 한비자의 설림편.

　노(魯)나라의 목공(穆公)은 후일 제(齊)나라의 위협을 대비해 공자들을 진(晋)나라와 형(荊)나라로 보내 벼슬을 하게 하면서까지 화친을 맺었다.
　그러자 이저가 그것을 지적하며 이렇게 간했다.
　"먼 곳의 물로 가까운 곳의 불을 끄지 못하듯 우리나라와 근접해 있는 제나라가 공격해 오면 멀리 떨어져 있는 동맹국들은 우리나라를 돕지 못할 것입니다."
　이 말의 근원은 한비자에 있고, 이 말을 현대식으로 풀이하자면, "급할 때는 먼 곳에 사는 친척보다 가까이 있는 이웃이 낫다"는 것이다.
　그러나 우리나라의 경우에는 정반대다. 가까운 이웃이며 같은 동포인 북한보다는 오히려 먼 나라의 도움을 받기 때문이다. 「원수불구근화」가 아니라 '안중지정'(280페이지 참조)이다. 물론 여기서 일반 주민들은 제외된다.

달	아침	품평
月	旦	評
월	단	평

매달 초하루의 인물 평

월단(月旦) : ① 매달 첫날. ② 월단평의 준말.
평판(評判) : ① 평하여 판정함. ② 세상 사람의 비평.

출전(出典) : 18사략(史略).

    삼국지의 문이 열리기 직전인 후한(後漢) 말기, 하남성(河南省) 여남 땅에 허정(許靖)과 허소(許劭)라는 두 형제가 살고 있었다. 이 두 사람은 매달 초하루가 되면 주위 사람들의 인물 평가를 해주었는데, 그들의 인물평은 족집게처럼 정확해 '여남의 월단평'이라면 모르는 사람이 없을 정도였다.
    이때 이 소문을 들은 미래의 삼국지 스타 조조가 그들을 찾아가 인물평을 부탁하자, 허소는 조조의 인물됨을 한눈에 척 알아보고 좀처럼 입을 열지 않았다.
    이에 조조가 살기를 띠며 재촉하자 그는 할 수 없이 말문을 열어 다음과 같이 조조를 평했다.
    "그대는 태평성대에는 유능한 신하가 되겠지만 난세에는 천하를 뒤흔들 간웅(姦雄)이 될 것입니다."
    그러자 조조는 대단히 만족한 듯 껄껄 웃었다.
    '난세의 간웅'이란 말에는 난세에 있어서는 영웅이라는 뜻이

담겨 있기 때문이었다.

그 후 그들의 「월단평」은 그대로 맞아떨어졌다. 난세의 간웅답게 조조는 후한말의 다 찌그러진 대문을 부수고 삼국지를 예고하는 위나라의 새 대문으로 갈아치우면서 위무제라는 최고 지위에 올랐던 것이다.

예나 지금이나 동서고금을 막론하고 관상학은 누구에게나 관심의 대상이다.

40세가 넘은 사람은 자기 얼굴에 책임을 져야 한다.

이 말은 링컨이 대통령에 당선되어 장관들을 임명할 때, 친구가 추천한 인물을 거부하면서 했던 말이다. 인상이 단정치 않아 성실해 보이지 않는다는 뜻이다.

이쯤 되면 대통령도 관상 정도는 볼 줄 알아야 한다는 생각이

든다. 그런 의미에서 관상학의 역사를 소개해 보겠다.

고대 그리스의 사상을 지배했던 철학자 아리스토텔레스는 윤리학, 자연과학, 논리학, 심리학, 정치학, 예악 등의 여러 학문뿐만 아니라 인상학에도 정통했다.

그는 사람의 얼굴 모양과 동물의 얼굴을 비교해 그 유사점을 바탕으로 인상을 판단했는데, 즉 사람의 얼굴이 사자와 비슷하게 생겼으면 용감한 것이고, 사람의 코가 소의 코와 비슷하면 감각이 둔하며, 나귀와 인상이 비슷하면 온순한 성격의 소유자라고 판단했다.

그런가 하면, 동양의 인상학은 고대인도에서 발달해 중국으로 전해졌다는 설이 있으나 확실하지는 않다.

노(魯)나라 문공(文公) 14년 7월, 별이 북두(北斗)에 침입한 일이 생기자 이것을 본 숙복(叔服)이 앞으로 7년 안에 송(宋), 제(齊), 진(晋) 등의 왕이 죽을 것을 예언했다. 그리고 그의 예언

은 아주 정확하게 들어맞아 동양 점성술의 효시를 이루었으며, 이때 숙복은 인상학을 체계화했다고 전해진다.

그리고 노나라 재상 공손오의 청으로 그의 형제와 아들들의 인상을 봐 주었는데, 그 후 숙복의 예언이 적중하자 그의 인상학은 전국으로 요원의 불길처럼 퍼져 나갔다 한다. 그러므로 숙복을 인상학의 원조라고 할 수 있다.

그리고 숙복에게 인상학을 전수받은 고포자경(姑布子卿)은 어느 날 공자가 어렸을 때 공자의 집으로 찾아가 그의 관상을 보면서 탄성을 터뜨렸다 한다. 공자의 상을 보니, 머리의 중심부가 오목하게 패여 있고 머리의 주위가 볼록하게 나와 있는 데다가 눈은 영롱한 광채를 띠고 귀는 짚신만했으며 오똑 솟은 코에 한일자로 꽉 다문 입 등등, 하나같이 대인 상이었기 때문이다.

그래서 고포자경은 공자의 머리 중심이 오목하다 해서 성을 공(孔)씨로 짓고, 머리 주위가 볼록하다 해서 이름을 구(丘)라고

지어 주었다는데, 공자의 아버지는 숙양흘(叔梁訖)이고 그의 어머니는 안씨(顏氏)이니 공구라는 이름은 양친의 성씨와는 무관하므로 이 얘기가 재미있게 들린다. 이렇게 고포자경이 장차 공구가 대성인이 될 것이라고 예언했듯이 공자는 그 후 대성인이 되어 세상에 명성을 날렸던 것이다.

그 후 고포자경 다음으로 초(楚)나라에 당거(唐擧)라는 사람이 있었다. 그는 그때까지 주로 골상(骨相)만을 봤던 인상학에 기색(氣色)을 보는 방법까지 정립시킴으로써 인상학의 기초를 완성하기에 이르렀다.

그리고 인상철학가 여공(呂公)은 천하통일이란 대업을 이룬 한고조(유방)의 유년시절 관상을 보고 황제가 될 것을 예언했으며, 대장군 한신(韓信)의 인상을 봐 준 허부(許負) 또한 유명하다.

그런데 조조의 관상을 봐 준 허소 형제에 관한 자세한 기록이 없는 걸로 보아 이들은 앞에 소개한 관상가들에게 못 미쳤음을

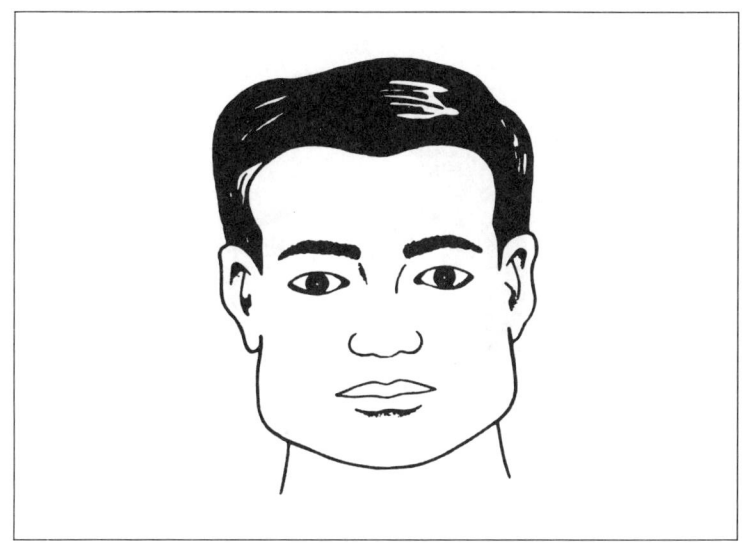

알 수 있다.

그렇다면 필자도 어떤 관상가의 말을 인용해 인상학의 기초와 관찰법에 대해 많은 페이지를 할애하겠다.

인간은 얼굴이나 몸의 특징에 의해 크게 세 가지로 분류된다. 사람마다 천차만별인 얼굴과 신체를 세 가지로 분류한다는 것이 얼핏 생각하면 무리인 것 같지만, 어쨌든 이 세 가지 타입의 분류는 인상을 보는 데 있어 기본적인 것이므로 절대로 소홀히 해서는 안 된다.

첫째, 근골형(筋骨型)이란, 몸은 힘차고 어깨 폭이 넓으며 남성적이고 투사형이다. 우물쭈물하는 것을 질색하고 일을 추진함에 있어 남보다 먼저 처리하는 돌격형이다.

그래서 그 화끈한 성격이 인정되어 승진도 빠르다. 그러나 사무 계통에는 어울리지 않고 현장에서 몸으로 부딪치는 일이 적성에 맞으며, 조심할 것은 사소한 일에 배려가 부족해 주위를

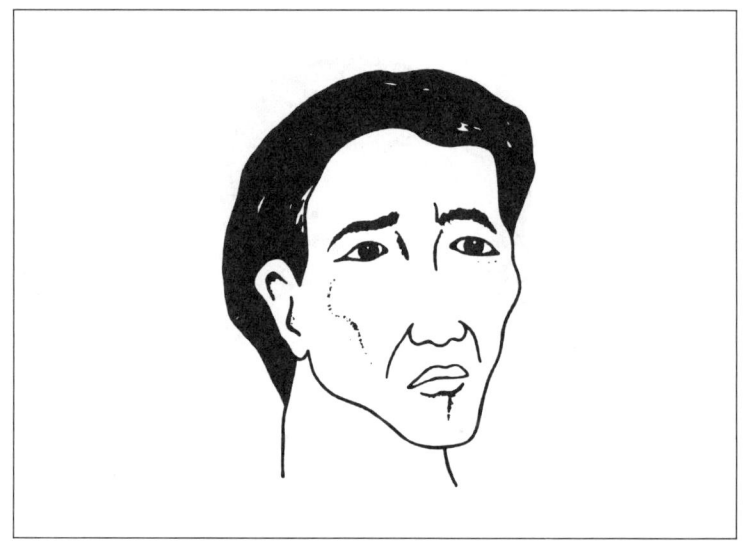

의식하지 않는 점으로, 독불장군 식으로 표면에 나서기를 좋아해 주위로부터 오해받을 가능성이 많다. 특히 친구들과의 술좌석에서 언어나 행동에 주의해야 한다.

그리고 중년 전인 30세부터는 행동력을 인정받아 개운(開運)할 것이나 질환(관절염, 신경통 등)에 주의해야 한다.

애정면으로는 섬세한 느낌을 주지 못하므로 애정의 대상으로는 적합하지 않다고 볼 수 있겠다.

둘째, 수척형(瘦瘠型)은 얼굴과 몸집이 가늘고 연약한 느낌을 준다. 어깨는 처져 있고 가슴도 늑골(肋骨)이 부각되어 있다. 상체가 긴 편이며 얼굴의 각 부분도 작고 어느 곳이나 뾰족하게 보이며 음성은 가늘고 높은 편이다.

아주 세밀한 두뇌와 복잡한 심사(心思)를 지닌 소유자이므로 사서 고생하는 경우가 많다. 반면에 운세는 두뇌회전이 빠르기 때문에 빨리 열릴 가능성이 많다.

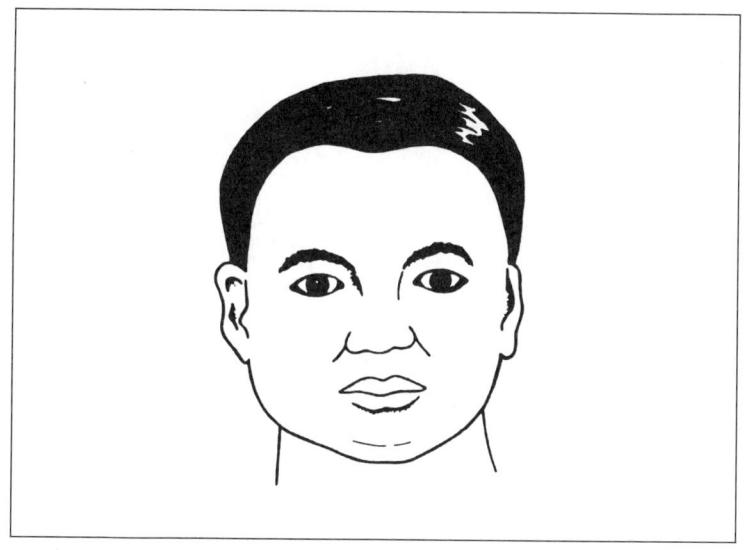

육체노동보다는 두뇌를 많이 쓰는 정신적 업무에 종사하는 편이며 주의할 점은 신경성 위염이다.

셋째, 비만형(肥滿型)은 전체적으로 살이 찐 타입이다. 두꺼운 가슴에 굵은 목, 어디를 봐도 모가 없고 둥근 맛을 풍기며, 성격은 온화하고 밝아 다툼을 좋아하지 않는 평화주의자이므로 대인 관계가 아주 양호한 편이다.

직업은 외교관 등이 어울린다. 그러나 이런 형은 낙천주의적인 성향이 짙어 세밀하게 몰두하고 연구하지 못하는 성격이 흠이다. 보편적으로 무난한 편이다.

끝으로 필자는 수척형이므로 이 글을 쓰는 것 같다.

달	아래	얼음	사람
月	下	氷	人
월	하	빙	인

달 아래 앉아 있는 신(중매인)

월하노인(月下老人) : 부부의 인연을 맺어 주는 신. 중매인을 이르는 말. 「월하빙인」과 같은 뜻.

빙인(氷人) : 중매인. 「월하빙인」의 준말. 영고책(令孤策)이 꿈에 빙상(氷上)에서 빙하(氷下)의 사람과 말을 주고받았다는 고사에서 온 말.

출전(出典) : 진서(晋書)의 예술전.

월하빙인(月下氷人) 407

　당나라 때 위고(韋固)라는 총각이 전국을 여행하면서 송성이란 고을에 들렀을 때였다.
　이미 밤도 깊어 거리에는 사람의 그림자도 없었고 파란 빛을 띤 달만이 지붕을 비추고 있을 때, 길 모퉁이에서 어떤 노인이 땅바닥에 앉아 보따리를 만지작거리고 있었다.
　이걸 본 위고가 이상한 생각에서 노인에게 가 물었다.
　"달밤에 무슨 일을 하고 계십니까?"
　"나? 아, 나는 지금 이 세상의 결혼에 대해 궁리하고 있는 중이지. 자, 이 보따리 속을 보게. 붉은 끈이 가득 들어 있지. 바로 이것이 부부 사이를 연결시켜 주는 끈이야. 일단 이 끈으로 두 사람을 연결하기만 하면 그 두 사람은 천생연분으로 맺어지게 되지."
　그러자 호기심이 발동한 위고가 반신반의하며 물었다.
　"그럼 제 짝은 지금 어디에 있을까요?"

"자네 부인 말인가? 그야 이 마을에 있지. 저기 저 북쪽에서 야채를 팔고 있는 진(陳)할머니가 안고 있는 젖먹이가 바로 자네 처일세."

이렇게 말하고 노인이 어둠 속으로 사라지자 위고는 이상한 노인이라고만 생각하고 그 말을 그냥 흘려 버렸다.

그 후 14년이 지나 위고는 상주라는 고을에서 관리를 하다가 17세의 젊고 아름다운 상주태수의 딸과 결혼해 행복하게 살게 되었다.

그러던 어느 날 위고는 14년 전에 노인이 했던 예언이 생각나 부인에게 그때 노인이 한 말을 해주면서 노인을 비웃었다.

그러자 깜짝 놀란 부인이 눈물을 흘리며 자신의 과거를 털어 놓았다.

"저의 부모님은 제가 갓난아이였을 때 돌아가셨습니다. 그래서 저는 야채장사를 하셨던 할머니 손에서 자라다가 자식이 없

는 상주태수의 양딸이 되어 당신을 만나게 된 것입니다."

 이 말을 듣고 위고는 「월하빙인」의 예언에 새삼 감탄하고, 천생연분으로 부인을 만난 것을 기뻐했다 한다.

 이와 비슷한 고사가 우리나라에도 있다. 그렇다고 어떤 게 진짜고 어떤 게 가짜라는 것을 굳이 따질 필요는 없다. 부담없이 편하게 들을 수 있는 옛날 이야기니까.

 이 「월하빙인」에 얽힌 얘기 중에 이런 고사도 있다.

 어느 날 진(晋)나라의 중매쟁이 호책이 색담이란 유명한 점쟁이를 찾아가 다음과 같이 물었다.

 "어젯밤 꿈에 제가 얼음 위에서 얼음 밑에 있는 어떤 사람과 얘기를 나누었는데 이런 꿈은 무슨 뜻인지요?"

 그의 말을 듣고 나서 점쟁이는 다음과 같이 해몽해 주었다.

 "얼음 위는 양(陽), 얼음 밑은 음(陰), 고로 양과 음이 같이 말을 했다는 것은 곧 자네에게 혼인중매가 들어오고 그 혼인중

410 고사성어 대백과

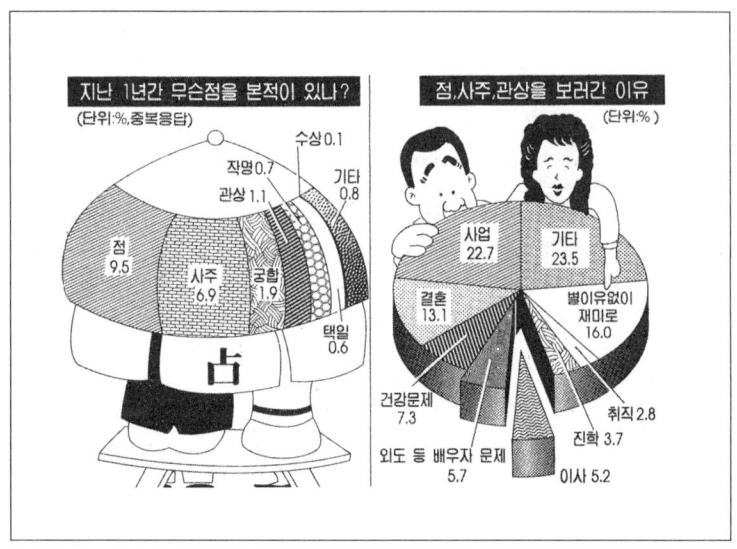

매가 아주 잘 풀릴 징조일세. 그리고 그 혼인이 성립되는 시기는 얼음이 풀릴 때일 것이라네."

그 후 색담의 해몽대로 호책에게 그 고을 태수로부터 중매가 들어왔고 중매는 잘 이루어져 한 쌍의 커플이 탄생되었는데, 그 시기 또한 얼음이 풀린 봄이었다 한다. 이때부터 이 장의 주인공 월하노인과 빙상인하를 한데 묶어 「월하빙인」이라고 부르게 되었다 한다.

언론기관에서 조사한 바로는, 우리나라 국민 10명 중 4명 이상이 궁합이 나쁘면 결혼을 다시 생각해 보겠다고 답한 걸로 보아 이 장이 새삼 돋보인다. 그런가 하면, '사람 팔자는 타고난다'라고 대답한 사람이 36%이며, 72%가 점괘를 무시하지 않는다고 대답했으니, 전장의 「월단평」과 이 장의 「월하빙인」에 대해 많은 페이지를 할애한 것을 독자들은 이해할 것이다.

그리고 이러한 역술 신봉은 오히려 보통사람들보다 상류층 인

월하빙인(月下氷人) 411

사들이 더 극성스럽다는 것을 알 만한 사람들은 다 알고 있다. 그 한 예로, 고 박정희 대통령도 5.16 쿠데타와 10월 유신 등의 결행 날짜를 역술가의 택일에 의존할 만큼 역술을 신봉했는데, 안타깝게도 자신의 사주를 짚어 볼 수 있는 음력 생일을 정확히 몰라 애를 태웠다는 일화도 있다.

그 후 5공 때나 6공 때도 사정은 비슷했다. 심지어 6공 때까지만 해도 청와대에 마치 대통령의 주치의처럼 전속 역술인들을 두고 있었다는 소문이 무성할 정도로 역술인들의 인기는 대단했다. 이 정도니 그 밑의 사람들이나 보통사람들의 역술 신봉이야 오죽하겠는가.

입시철 못지 않게 대목을 보는 선거철. 과연 월하노인과 같은 점쟁이 시대가 되려는지……

가죽	엮을	석	끊을
韋	編	三	絶
위	편	삼	절

가죽끈으로 맨 책끈이 세 번이나 끊어지다

위편(韋編) : 가죽끈으로 맨 죽간(竹簡 : 대나무로 엮은 책).
편자(編者) : 책을 엮은 사람. 엮은이.
삼절(三絶) : 책끈이 세 번 끊어지다(뛰어난 재주를 가진 사람을 칭함).
절판(絶版) : 출판된 책이 떨어져서 없어짐.

출전(出典) : 사기의 공자세가.

위편삼절(韋編三絶) 413

공자가 뒤늦게 주역(周易)의 이치를 깨닫고 주역을 읽으면서 가죽끈이 세 번이나 끊어졌다.

사기에 나오는 이 기록은 공자가 말년에 주역의 이치를 깨닫고 어찌나 주역을 많이 읽었던지 죽간을 엮은 끈이 세 번씩이나 끊어졌다는 뜻이며, 여기서 「위편삼절」이란 말이 나왔다.

그리고 참고 삼아 설명하자면, '3'이란 수는 '자주, 거듭, 여러 번' 등으로 쓰여 문자 그대로 3에 국한되지는 않는다. 이 「위편삼절」에도 역시 몇 번이나 반복해서 읽는다는 뜻으로 쓰였다.

어쨌든 공자가 이토록 귀중하게 여긴 주역이 대단했음은 틀림없다. 심지어 논어에서 공자가, "좀더 일찍 주역을 연구했다면 많은 사람들에게 허물을 적게 할 수 있었을 텐데……"하며 안타까워했을 정도니 말이다.

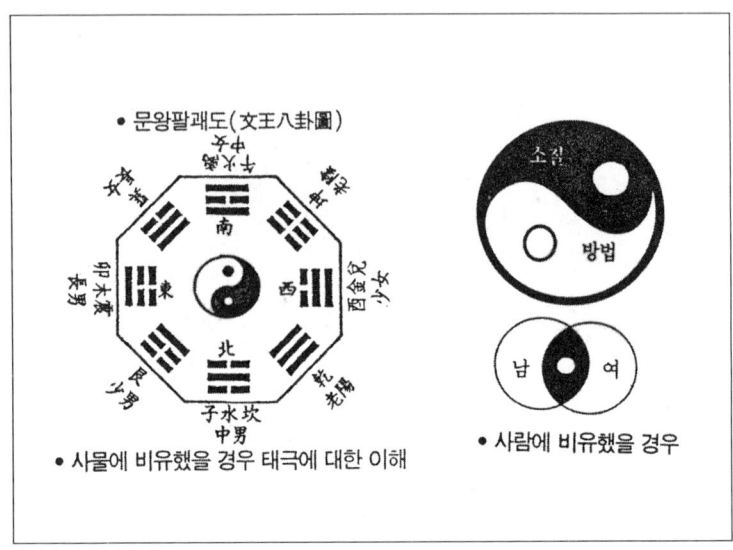

그런가 하면, 공자가 한창 학문에 심취했을 때 주역을 보고 점을 쳐 화산려(火山旅 : ☲)라는 괘를 얻었는데, 역경(주역)에 지식이 짧았던 그로서 그 뜻을 알 수가 없어 상구씨(商瞿氏)에게 뜻풀이를 청하자 상구씨는 이렇게 해석해 주었다고 한다.

"이 괘는 조금 형통[小亨]한 괘상이므로 기괴(奇怪)한 지혜로움으로 인해 기괴한 지위를 얻게 될 것입니다."

쉽게 말해, 방랑 생활을 거쳐 나중에는 대성인이 된다는 것을 암시한 것이다. 그리고 그 암시가 그대로 맞아떨어져 말년에 공자가「위편삼절」로 주역에 매달렸던 것이다. 이런 주역의 여파는 위의 그림 설명처럼 우리나라 태극기에도 큰 영향을 끼쳤다.

있을	가르칠	없을	무리
有	教	無	類
유	교	무	류

가르침에는 차별이 있을 수 없다

유사(有事) : ① 일이 있음. ② 비상한 일이 일어남.
교과(敎科) : 학교에서 가르치는 과목.
무력(無力) : 힘이 없음.
유형(類型) : ① 비슷한 형. ② 비슷한 것 가운데 공통된 특징을 나타 내는 본보기. 전형.

출전(出典) : 논어의 유령공편.

공자 왈(曰), 가르침에는 차별이 있을 수 없다.

논어에 나오는 이 말의 교훈은 다음 일화가 대변한다.

어느 날 어떤 사람이 선승(禪僧)을 찾아와 자기 자식의 나쁜 행실을 고쳐 달라고 애원하자 선승은 이를 흔쾌히 승낙하고 그 아이를 맡아 절에서 교육시키게 했다. 그러나 그 아이는 오히려 날이 가면 갈수록 더욱더 불량스러워져만 갔다. 이에 참다 못한 승려들은 선승에게 몰려가 아이를 내쫓지 않으면 자신들이 나가겠다고 엄포를 놓았는데, 선승은 그들을 이렇게 타일렀다.

"너희는 언제든지 이 절을 떠나도 갈 곳이 있지만 저 아이는 여기서 내쫓기면 갈 곳이 없다. 그러니 내가 저 아이를 돌봐주지 않으면 누가 돌봐주겠느냐?"

이 말을 방문 밖에서 엿듣고 있던 아이는 깊이 깨닫고 그날부터 새 사람이 되었다고 한다.

부드러울	능할	누를	굳셀
柔	能	制	剛
유	능	제	강

부드러운 것이 강한 것을 제압한다

유연(柔軟) : 부드럽고 연함.
능사(能士) : 재능있는 선비.
제압(制壓) : 위력이나 위엄으로 남을 눌러서 통제함.
강유(剛柔) : ① 굳고 부드러움. ② 양(陽)과 음(陰).

출전(出典) : 황석공소서. 노자 36장.

부드러운 것이 능히 단단한 것을 이기고(柔能制剛) 약한 것이 능히 강한 것을 이긴다(弱能勝强).

'황석공소서' 병법에 나오는 이 「유능제강」은 이미 노자의 「도덕경」에 "부드럽고 약한 것이 능히 단단하고 강한 것을 이긴다(柔弱勝剛强)"라고 나와 있어 노자의 또다른 면이 엿보인다.

아무리 강하고 거친 남자라도 여자의 부드러운 사랑 앞에서는 무릎을 꿇게 되고, 손으로 비비면 깨지고 마는 한 알의 씨앗이 무거운 바위와 단단한 땅을 뚫고 싹을 내밀며, 아무리 강한 철이라도 부드러운 숫돌에는 그 강함이 무너진다는 것이 이 장의 정의다.

정치도 마찬가지다. 강압적인 정치는 국민의 반발만 살 뿐이다. 그 본보기로 4.19 혁명이 좋은 예이다.

있을	없을	서로	날
有	無	相	生
유	무	상	생

있고 없는 것은 서로 상대하기 때문에 생겨난다

유무(有無) : ① 있음과 없음. ② 유무에 집착하는 견해.
상대(相對) : ① 서로 마주 대함. ② 서로 겨룸.
생성(生成) : 생겨남. 생기게 함.

출전(出典) : 노자의 도덕경 제12장.

420 고사성어 대백과

천하가 아름답다고 생각하는 데서 추함이란 관념이 나오고, 선(善)을 착하다고 생각하는 데서 악(惡) 관념이 나온다. 있고 없는 것은 서로 상대하기 때문에 생기고(「유무상생」), 어렵고 쉬운 것은 서로를 채워 주며, 길고 짧은 것은 서로를 분명히 해주고, 높음과 낮음은 서로 의논하며, 음과 소리는 서로 조화를 이루고, 앞과 뒤는 서로를 따른다. 고로 성인은 무위의 태도로써 세상사를 처리하고 무언의 가르침을 행하는 것이다.

「유무상생」은 여기서 유래되었으며, 이 말을 쉽게 표현하자면 '유(有)는 무(無)가 있음으로써 존재한다'는 것이다. 다시 말해, 노자철학의 토대를 이루는 것은 인간도 자연계의 한 분자(分子)에 지나지 않는다는 것이다.

그리고 여기서 분명히 밝혀 둘 것은, 노자철학은 깊이 파고들면 들수록 20세기 최대의 물리학자 아인슈타인의 상대성 원리만큼이나 복잡하고 어렵다는 사실이다.

유무상생(有無相生) 421

어느 날 아인슈타인이 세계적인 희극배우 채플린에게,
"채플린 씨, 당신은 정말 위대합니다. 어느 나라 사람이나 모두 당신의 예술을 이해하고 있으니까요."
라고 칭찬하자 채플린은 이렇게 대답했다.
"고맙습니다. 그러나 당신은 더욱더 위대합니다. 당신의 학설은 어느 누구도 쉽게 이해하지 못하는데도 당신의 이름은 세계적으로 알려져 있으니까요."
이렇게 보통사람에게는 아인슈타인의 상대성 원리가 너무 어려워 쉽게 이해되지 않지만, 위대한 진리를 발견했으므로 그는 높이 존경받고 있는 것이다.
마찬가지로, 노자철학 또한 자연철학을 발견했으므로 그를 높이 존경하는 것이다.

있을	글월	일	사람	반드시	있을	무사	예방할
有	文	事	者	必	有	武	備
유	문	사	자	필	유	무	비

문사에 있는 사람은 반드시 전쟁준비를 해야 한다

유식(有識) : 학식이 있음.
문사(文事) : 학문과 예술 등에 관한 일.
사항(事項) : 어떤 일의 조항.
자(者) : 사람을 가리켜 이름.
필유곡절(必有曲折) : 반드시 무슨 까닭이 있음.
무비(武備) : 전쟁 준비.

출전(出典) : 십팔사략.

유문사자필유무비(有文事者必有武備) 423

문사에 있는 자는 반드시 전쟁 준비를 해야 한다고 했듯이 문(文)과 무(武)는 서로 떨어질 수 없습니다.

이 말은 공자가 노나라 재상으로 근무할 때 노나라 정공(定公)에게 진언한 것이며, 이 말을 현대식으로 풀이하자면, 국가 유지를 위해서는 행정가와 군인이 절대적으로 필요하다는 것이다.

태평시대의 공화국에선 훌륭한 인물이 별로 평가되지 않는다. 이 폐단은 훌륭한 사람들을 두 가지 이유에서 분격케 만든다. 그 하나는 적절한 대우를 받지 않는 데서 오는 원망이며, 다른 하나는 자신보다 못한 자들이 동료나 상관으로 버티고 있는 것에 대한 분노다.

서양의 한비자인 마키아벨리의 말처럼 태평시대일수록 이런 잡음이 생기면 안 된다. 행정과 군의 사기는 국가방위의 양대 기둥이기 때문이다.

있을	갖출	없을	근심
有	備	無	患
유	비	무	환

사전 준비를 갖추어야 후환이 없다

유비무우(有備無憂) : 유비무환.

비치(備置) : 갖추어 놓음. 마련해 둠.

무고(無故) : ① 까닭이 없음. ② 무사함.

환란(患亂) : 재난. 병란.

출전(出典) : 서경의 열명.

유비무환(有備無患) 425

생각이 옳다면 행동으로 옮기되 그 옮기는 것을 시기에 맞추십시오. 그 능한 것을 자랑하게 되면 그 공을 잃게 됩니다. 고로 유비무환으로 근심을 제거하십시오.

이 「유비무환」이란 말은 서경의 열명에 기록된 글에서 나온 것인데, 현대용어로 정착된 느낌이 들 정도로 우리 귀에 익숙해진 말이다. 그리고 이 말은 자꾸자꾸 들어도 결코 싫지 않은 말이다.

전투에 진 병사는 용서해도 경계에 실패한 병사는 용서할 수 없다.

국가방위에 대한 맥아더의 이 말은 전사(戰史)에 영원히 남는 명언이다.
그러나 그런 그도 경계에 실패하고 오판한 흔적이 1995년도에

426 고사성어 대백과

밝혀져 뒷맛이 씁쓸하다. 클린턴 미대통령의 지시로 1994년 12월에 새로 공개된 한국전 관련 미합참 극비문서에 따르면, 맥아더는 1947년 5월 본국에 다음과 같은 전문을 보냈다고 한다.

    북한의 남침 가능성에 대한 하지 중장(당시 한국군정장관)의 우려에 공감하지 않는다. 그는 북한군의 규모와 능력을 너무 과대평가하고 있다.

그의 결정적인 판단 미스는 6월 25일 오후 6시 일본 도쿄에서 미국측 인사 3명을 만난 자리에서 나타났다. 이 자리에서 맥아더는, 북한의 군사행동은 전면전이 아니며, 소련이 배후에 있다고 단정할 수 없고, 만약 북한이 침략하면 남한이 승리할 것이라고 말했다는 것이다.

그 결과, 맥아더의 「유비무환」은 김일성의 기습 펀치에 '용두사미'가 됐던 것이다.

있을	이룰	대	가슴
有	成	竹	胸
유	성	죽	흉

이미 성죽이 가슴속에 그려져 있다

유능(有能) : 재능이 있음.
성사(成事) : 일을 이룸.
죽간(竹簡) : 옛날 종이가 없을 때 글을 쓰던 대쪽.
흉금(胸襟) : 마음속.

출전(出典) : 소동파의 문여가.

북송(北宋)시대 사람인 문동(文同)은 대나무 그림을 너무 잘 그려 학자보다는 화가로 더 잘 알려져 있다.

그리고 그의 친구로서 문학가이며 시인인 조보지(晁補之)는 틈만 생기면 문동 곁으로 달려가 문동의 대나무 그림 그리는 것을 구경하곤 했는데, 그가 붓을 놀리고 있는 것만 보아도 그가 지금 어떤 생각을 갖고 있는지 알 정도로 문동의 그림에 푹 빠져 있었다. 어느 날 문동에게 그림을 배우고 싶어하는 청년이 먼저 조보지를 찾아와 자문을 구하자 그는 이렇게 말했다.

"문동이 대나무를 그리기 전에 이미 그의 가슴속에는 성죽(成竹)이 고풍스럽게 그려져 있다네."

이 말의 풀이는 피카소가 대신한다.

화가는 자연을 모방하고 묘사하는 것만이 전부가 아니다. 자연 쪽에서 그림 쪽으로 움직이게 해야 한다.

밧줄	새
維	新
유	신

새롭게 하다

유신(維新) : 세상만사가 바뀌어 새로워짐.
신천지(新天地) : 새 세계. 새 방면.

출전(出典) : 시경 대아의 문왕편.

　　　문왕이 위에 계시니
　　　아아, 하늘에 빛나는구나.
　　　주나라가 비록 옛나라지만
　　　그 명이 새롭구나(其命維新).

　시경 문왕편에 기록된 시에서 「유신」이란 말이 유래되었는데, 그 후 우리나라 특유의 「유신」이란 말이 생기면서부터 「유신」이란 말이 평가절하되기도 했다.

　그 장본인은 1972년 10월 유신헌법을 선포해 장기집권을 노렸던 박정희 전 대통령이다. 1961년 5.16이 첫 번째 유혈 쿠데타였다면, 10월 유신은 그야말로 추악한 두 번째 무혈 쿠데타였다고 볼 수 있다. 지금도 「유신」이란 말을 기피하는 것은 이 10월 유신의 후유증 때문이다.

흐를	말씀	바퀴	말씀
流	言	蜚	語
유	언	비	어

터무니없는 소문이 떠돌다

유언(流言) : 터무니없는 소문. 근거없는 풍설.

언어(言語) : 말.

비어(蜚語) : 근거없이 떠도는 말. 비(蜚) ① 바퀴과 곤충의 총칭 ② 쌕새기. 여치과의 곤충.)

어불성설(語不成說) : 말하는 것이 전혀 이치에 맞지 않음.

출전(出典) : 사기. 위기무안후열전.

432 고사성어 대백과

　전한(前漢) 무제(武帝) 때 왕족 출신인 대장군 두영이 황후파의 측근과 권력다툼을 벌이다가 사소한 사건으로 인해 체포돼 감옥에 갇히게 되었다. 그러자 온 장안에, 두영이 감옥 안에서도 황제를 욕하고 있다는 「유언비어」가 나돌아 황제의 신경을 건드렸다.
　그러자 황후파는 이 「유언비어」를 들먹이며 두영을 처형해야 한다고 강력히 주장했다.
　무제는 어쩔 수 없었다. 이 「유언비어」를 잠재우기 위해서라도 두영을 처형할 수밖에 없었다.
　이 장의 「유언비어」는 '도청도설(1권 397페이지 참조)', '요원지화(361페이지 참고)'와 함께 다시 한 번 무섭다는 것을 보여 주었다.
　「유언비어」로 생긴 사건 중 초A급은 아마 "폭군 네로가 로마에 불을 지르고, 타오르는 화염에 도취해 시를 읊고 음악을 작

유언비어(流言蜚語) 433

곡했다"는 것일 것이다.

네로는 이 「유언비어」에서 벗어나기 위해 역공세를 취했다. 그는, 로마에 불을 지른 것은 황제가 아니라 기독교도들이라는 「유언비어」를 퍼뜨려 수많은 기독교인들을 처형했다. 역시 폭군 네로다운 행동이었다.

반대로 소크라테스는 어떠했는가? 그가 "청소년들을 선동했다"는 「유언비어」로 인해 독약을 마시고 죽게 되었을 때 "악법도 법이다"라는 말을 남겨 네로와 큰 대조를 이루었다.

그리고 우리와 직접적으로 관계가 있는 사건으로, 72년 전(95년 기준) 일본 관동지진 때 "조선인이 우물에 독약을 탔다"는 「유언비어」로 인해 수많은 한국인이 일본인들에 의해 학살을 당했었다.

이렇게 「유언비어」는 때로 참혹한 결과를 빚기도 한다.

무리	무리	서로	좇을
類	類	相	從
유	유	상	종

끼리끼리 상종하다

유형(類型) : 비슷한 형.
상종(相從) : 서로 친하게 사귐.
종다수(從多數) : 여러 의사 중 사람이 많은 편을 좇아감.

출전(出典) : 주역의 계사(上).

유유상종(類類相從)

전국시대 제나라 선왕(宣王)이 박학다재하고 유머감각이 풍부한 순우곤에게 각 지방에 흩어져 있는 인재들을 찾아 추천하도록 요구했다.

그리고 나서 며칠 뒤에 순우곤이 일곱 명의 인재를 데리고 와서 왕에게 소개하자 선왕은 이렇게 말했다.

"인재는 귀하거늘 한꺼번에 일곱 명씩이나 끌고 오다니 너무 많다고 생각하지 않나?"

이에 순우곤은 자신만만한 표정을 지으며 대답했다.

"같은 종류의 새가 무리를 지어 살 듯이 인재들도 끼리끼리 모이옵지요. 고로 신이 인재를 모으는 것은 마치 강에서 물을 구하는 것처럼 쉽사옵니다."

우리나라에도 이 순우곤 같은 사람만 있다면 인재 확보가 걱정 없을 텐데, 유감스럽게도 나쁜 사람들끼리 「유유상종」하는 것이 더 많으니 걱정이 아닐 수 없다.

있을	응달	베풀	사람	반드시	있을	볕	갚을
有	陰	德	者	必	有	陽	報
유	음	덕	자	필	유	양	보

남몰래 덕을 베푸는 사람은 반드시 밝은 보답이 따른다

유덕(有德) : 덕이 있음.
음덕(陰德) : 남에게 알려지지 않은 덕행.
덕자(德者) : 덕이 있는 사람.
필연(必然) : 반드시 그렇게 됨.
양기(陽氣) : ① 양의 기운. ② 남자의 정력.
보답(報答) : 은혜를 갚음.

출전(出典) : 회남자의 인간훈편.

유음덕자필유양보(有陰德者必有陽報) 437

남몰래 덕을 베푸는 사람은 반드시 밝은 보답이 있고, 숨은 행실이 반듯한 사람은 밝은 이름이 있게 된다.

회남자의 인간훈편에 나오는 이 말은 덕(德)의 극치를 이룬다. 회남자는 이어서 덕에는 세 가지가 있다고 했다.

첫째, 남이 알지 못하는 음덕(陰德), 둘째, 마음으로 남을 도우려 하고 동정하는 심덕(心德), 셋째, 권력과 재물로써 남을 돕는 공덕(功德)이 있다.

이 중에서 제일 돋보이는 덕은 바로 이 장에서 강조하려는 음덕이다. 아리스토텔레스는 이 덕에 대해 이렇게 말하고 있다.

덕은 아는 것만으로는 충분하지 않다. 우리는 그것을 가져야 하고 그것을 이용해야 한다. 또한 선하게 만들어 준 어떤 방법을 강구해야 한다.

　그리이스 신화에 나오는 위대한 신 헤라클라스는 젊었을 때 두 여성을 놓고 일생일대의 가장 중요한 선택을 해야 할 형편에 놓여 있었다. 한 여자는 화려한 옷차림에 매우 아름다운 얼굴과 꾀꼬리 같은 음성을 지닌 '쾌락'이라는 여성이었고, 또 한 여자는 소박한 옷차림에 진실한 성격과 음덕·심덕·공덕을 지닌 '덕행'이라는 여성이었다.

　헤라클라스는 고민고민 끝에 드디어 한 여성을 택했다. 그 여성은 바로 덕행이라는 여성이었다. 그는 순간적인 쾌락을 주는 여성보다는 평생을 즐겁게 살 수 있는 영원한 반려자를 선택했던 것이다.

　"순간의 선택이 당신의 일생을 좌우한다"는 말이 있다. 당신이라면 이들 중 어떤 것을 선택하겠는가?

있을	술	망할	나라
有	酒	亡	國
유	주	망	국

술 때문에 망한 나라

유해(有害) : ① 해가 됨. ② 해독이 됨.
주독(酒毒) : 음주로 인해 몸에 나타나는 중독 증상.
망국(亡國) : ① 망한 나라. ② 나라를 멸망시킴.

출전(出典) : 사략(史略) 권일(券一).

쿠데타를 주도한 겐나디 아나예프 부통령(中)이 보리스 푸고 내무장관(左), 올레그 바클라노프 국방위 제1부위원장과 함께 19일 기자회견에서 소련정국을 설명하고 있다.

하(夏)나라 우(禹)왕 때 의적(儀狄)이라는 사람이 술을 처음으로 만들어 우왕에게 헌상하였다.

그 술을 마셔 본 우왕은 그 독특한 맛에 깜짝 놀라며 이렇게 말했다.

"후세에 반드시 이 술로 나라를 망치는 자가 있을 것이다."

그런 뒤로 우왕은 의적을 멀리 했다고 한다.

물론 이 고사는 에피소드에 불과하지만, 우왕의 예언대로 중국 역사는 술냄새로 진동했는데, 이는 비단 중국뿐만이 아니었다. 그 예로써 1991년 8월 19일, 소련(러시아)에서 발생한 쿠데타를 들 수 있다. 당시 쿠데타를 일으켰던 주역들 대부분이 술에 만취한 나머지 판단착오를 일으켜 3일 천하로 끝났던 것이다.

그 당시 쿠데타 주역 중 얼굴마담 격인 아나예프 대통령 대행이 전 세계의 이목이 집중된 TV 기자석상에서 손 떠는 증상을 보였던 것이 결정적인 실수였다.

유주망국(有酒亡國) 441

　이 장면을 목격한 전문가들은 여러 방면으로 분석해 보고 나서, 쿠데타는 불발로 끝날 것이라고 자신있게 말했었다.
　그 예상은 우왕의 예언처럼 적중했다. 그리고 나중에 밝혀진 얘기지만, 얼굴마담인 야나예프는 쿠데타를 결행할 당시나 체포 당했을 때 인사불성일 정도로 술에 취해 있었으며, 또한 쿠데타의 주역 가운데 한 사람인 파블로프(전 총리) 역시 술을 마시고 있었다고 한다.
　이런 점으로 보아, 술 때문에 쿠데타가 실패했다고 해도 과언이 아니며, 소련이라는 나라의 간판을 박살내는 데 있어 촉진제 역할을 한 것도 결국은 이 술 때문이라고 볼 수 있다.
　원래 소련이라는 나라는 술에 찌든 나라라는 게 후르시초프의 회고록에 잘 나타나 있다. 그의 회고록에 의하면, 잔인한 성격의 소유자였던 스탈린도 대단한 술꾼이었으며, 심지어 그는 모든 정책까지도 술자리에서 결정하는 것이 관례였다고 한다. 그

래서 당 간부들 중 술이 체질적으로 안 받는 간부나 술을 억지로라도 마시되 이겨내지 못하는 간부, 그리고 그 자리에 참석할 수 있는 특별 티켓이 없는 간부는 권력에서 밀려나게 되고 숙청 예비인물로 낙인이 찍히게 된다는 어처구니 없는 대목도 보인다.

통제가 심한 나라에서는 고작 스포츠와 섹스, 그리고 술을 즐기는 자유만 존재할 뿐이다.

소련에서 추방당한 반체제 작가 솔제니친의 이 말은, 공산주의의 종주국인 소련이 심각하게 부패됐음을 간접적으로 꼬집은 것이다.

본래 공산주의란 분배 평등이 원칙이므로 인간의 욕망은 통제를 당하게 되어 있다. 따라서 욕망이 마비된 상태에서 오는 욕구불만과 권태감이라는 약점이 있다. 그래서 이 사실을 잘 알고

있는 소련의 독재자들은 민중의 스트레스를 스포츠와 섹스와 술로 풀도록 방치했던 것이다. 그 중에서도 특히 술 문제만큼은 더욱 관대했다.

그 결과, 당시 4천만 명 이상의 알콜 중독자가 발생해 심각한 사회문제로까지 대두되었다. 그래서 한때 트로이카의 기수였던 고르바초프가 오후 2시 이후부터는 공공장소에서 술을 못 먹게 하는 금주령까지 발표할 정도였다.

그러나 이미 독한 술에 길들여진 술꾼들에게 이것이 잘 먹혀들 리 없었고, 그 후 옐친시대에 와서도 역시 변한 것은 별로 없었다. 그럴 수밖에 없는 것이, 대통령인 옐친조차도 지독한 음주벽이 있는 술꾼이었던 것이다.

그렇다고 남의 나라 술꾼들만 탓할 게 못 된다. 우리나라 역시 술꾼들이 꽤나 많다. 국민 일인당 1년 술 소비량이 174병 꼴이라는 얼마 전의 통계가 이것을 증명한다.

여섯	일	스스로	꾸짖을
六	事	自	責
육	사	자	책

여섯 가지 일을 들어 자책하다

육사(六事) : 여섯 가지 일.
자책(自責) : 자기 스스로 잘못을 꾸짖음.
책망(責望) : 허물을 들어 꾸짖음.

출전(出典) : 사략 권일(券一)

육사자책(六事自責) 445

　은나라 7년에 대한(大旱 : 큰 가뭄)이 있자 태사(太史 : 나라의 법규 기록을 맡은 관리)는 탕왕에게 사람을 제물로 바쳐 하늘에 제사를 지내야 한다고 말했다.
　그러자 탕왕이 눈시울을 적시면서 말했다.
　"짐이 하늘에 빌려는 대상이 백성이거늘 어찌 사람을 죽일 수 있단 말이오? 그렇다면 짐이 희생물이 되겠소이다."
　그리고는 목욕재계하고 몸을 흰 띠로 두른 다음 자신의 몸을 제물로 삼아 「육사자책」을 실시했다.
　"정치가 알맞게 조절되지 않았사옵니까?
　백성들이 직업을 잃고 있사옵니까?
　궁실이 화려하옵니까?
　여자들의 치맛바람이 심하옵니까?
　뇌물이 성행하옵니까?
　아첨배가 들끓사옵니까?"

그러자 탕왕의 말이 채 끝나기도 전에 하늘에서 큰 비가 내리기 시작했다.

이런 탕임금의 하늘을 향한 「육사자책」은 우리나라뿐만 아니라 모든 나라의 지도자들이 본받아야 할 조목들이다. 따라서 아우렐리우스의 정치이론을 소개해 보겠다. 동·서의 정치감각이 필요하기 때문이다.

우리는 언제나 다음 두 가지 규칙을 활용할 마음자세가 필요하다. 첫째, 지배와 입법을 맡은 자는 인류의 이득을 위해서만 명령을 내려야 하며, 둘째, 당신 주위에서 누군가가 그대의 미망(迷妄)을 제거해 주고 그대의 그릇된 견해를 씻어 준다면 미련없이 그대의 의견을 변경하라. 그러나 이것은 정의나 공공의 이익과 같은 확실한 이유에서만 행해야 한다. 그것이 기분좋게 보인다든가, 또는 명예와 결부된다는 이유에서 변경하면 안 된다.

클	콧마루	용	얼굴
隆	準	龍	顔
융	준	용	안

콧대가 우뚝 솟은 임금님 상

융성(隆盛) : 번영하고 성함.
준두(準頭) : 코의 끝.
용안(龍顔) : 임금의 얼굴. 천안(天顔).
안면(顔面) : ① 얼굴. ② 서로 알 만한 친분.

출전(出典) : 사기의 고조본기.

　어느 날 유온이라는 부인이 큰 연못가 언덕에서 낮잠을 자다가 꿈을 꾸었다. 꿈속에서 그녀가 귀신을 만나 서로 이야기를 주고받고 있는데 갑자기 천둥 번개가 치면서 온 천지가 칠흑같이 어두워졌다. 잠시 후에 남편이 그곳에 나타나더니 주위를 둘러보고 나서 깜짝 놀라는 것이었다. 거대한 용이 그곳에서 용트림을 하고 있었던 것이다. 그리고 나서 그녀는 꿈에서 깨어났다.
　그 후 부인에게 태기가 있어 예정된 달에 아이를 낳았는데, 그 아이가 바로 한고조(유방)다. 사기의 고조본기는 그의 얼굴 특색을 「융준용안」에 수염이 멋지고 왼쪽 다리에 72개의 점이 있었다고 전한다. 여기서 '융준'은 콧대가 우뚝 솟은 것을 말하고 '용안'은 얼굴 모습이 용처럼 생겼다는 뜻이다.
　이처럼 중국은 용의 나라답게 관상도 역시 '용안'을 높이 평가한다. 그러나 이 용에는 역린이 있다는 사실을 명심하지 않으면 안 된다.

울	벨	말	일어날
泣	斬	馬	謖
읍	참	마	속

울면서 마속을 베다

읍참(泣斬) : 울면서 베다.

참형(斬刑) : 목을 베는 형벌.

마속(馬謖) : 백미(白眉)로 유명한 마량의 동생이며 제갈공명의 참모.

출전(出典) : 십팔사략.

450 고사성어 대백과

　삼국지 후반전, 제갈공명과 사마중달의 공방전이 한창일 때, 공명이 매우 아끼던 참모 마속(馬謖)이 공명의 지시를 어기고 자기 뜻대로 병법을 펼쳤다가 사마중달에게 크게 참패를 당하고 겨우 살아 도망쳐 왔다. 그러자 공명은 그 책임을 물어 울면서 마속을 참형에 처했다.
　이것이 그 유명한 「읍참마속」, 즉 '울면서 마속을 참하다' 이다. 원래 마속은 '교주고슬'과 '병사지야'에서 소개된 조괄처럼 병법 이론에는 능했으나 실전 경험이 없는 자로서 병법 이론만 믿고 작전을 펼쳤다가 참패를 당했던 것이다.
　당시 주위에는, "설마 공명과 문경지교까지 맺었던 마량의 동생인 마속을 죽이기까지야 하겠느냐"라는 여론이 돌고 있었다. 그러나 예상 밖으로 공명이 그토록 아끼던 마속을 참하자 모두들 깜짝 놀랐다.
　그리고 당시 공명은 처형하기 직전에 마속에게 눈물을 흘리며

육사자책(六事自責)　451

말했다.
"이 싸움의 패배로 인해 많은 장수와 병사를 잃었다. 그런데도 너와 나의 사적인 사랑으로 너를 군법으로 다스리지 않고 살려 준다면 군법의 위계질서가 잡히지 않는다. 그러니 그대는 나를 원망하지 마라."
일본 경영의 귀재 마쓰시타의 '경영어록'에 보면 이때 공명의 행동을 다음과 같이 평했다.
"사업이 잘되는가 안 되는가를 결정하는 것은 신상필벌을 얼만큼 유효적절하게 시행하는가에 달려 있다. 상을 주는 것은 쉬우나 처벌을 하는 것은 매우 어렵기 때문이다. 그런 의미에서 눈물을 머금고 사랑하는 마속의 목을 벤 공명의 태도는 아무리 칭찬해도 지나치지 않다."
그리고 이 마쓰시타와 한때 친했던 삼성그룹의 창시자 이병철 씨도 '사필귀정(事必歸正)'과 함께 이 '신상필벌(信賞必罰)'만큼

은 매우 철저했다 한다.

그는 인간에 대한 투시안이 비범했기 때문에, 어떤 부하가 경영상 펑크를 냈을 경우, 그 원인이 당사자의 능력 한계를 넘어선 것이었다면 그 책임을 묻지 않았다 한다. 그러나 반대로 능력 이하의 과오를 범하면 인정사정 보지 않고 그대로 잘랐다 한다. 그의 이런 카리스마적 권위와 선비 같은 풍모는 마치 공명을 연상시키기에 충분하다.

그리고 흔히, 공명이 마속을 처형한 것은 마속의 명령위반 때문이라고들 하나, 사실은 마속의 위반보다 공명 스스로 자신의 인선 배치에 대한 잘못과 패전의 책임을 물은 것이었다. 그래서 공명은 그 후 자신의 책임을 물어 황제에게 사표를 제출했던 것이다. 물론 그 사표는 반려됐지만.

응할	사귈	아니	겨를
應	接	不	暇
응	접	불	가

경치를 만나 볼 틈조차 없다.

응접(應接) : 사물을 만나 봄.
접수(接收) : 받아서 거둠.
불가항력(不可抗力) : 사람의 힘으로 어쩔 수 없음.
가일(暇日) : 한가한 날.

출전 : 세설신어.

산음(山陰)의 길은 희한해, 치솟은 산과 계곡이 계속 눈앞에 나타날 때는 응접불가로구나!

이는 진(晋)나라의 유명한 서예가 왕자경(王子敬)이 어느 날 산음의 길을 걷다가 주위 경치가 너무 아름다워 읊은 감탄 섞인 말이다. 현대식으로 풀이하자면, 너무나 바빠 인사할 틈조차 없다는 뜻이다. 이런 사람을 위해 나폴레옹은 격려한다.

귀하여 가라! 가라! 달려라! 그리고 세계가 6일 동안에 만들어졌음을 잊지 말라. 그대가 원하는 것은 무엇이든지 나에게 청구하라. 그러나 시간만은 안 된다.

나폴레옹의 말도 맞다. 그러나 미하엘 엔덴의 동화 '모모'를 기억해 보자(기억하는 시간은 얼마든지 있다).

응접불가(應接不暇) 455

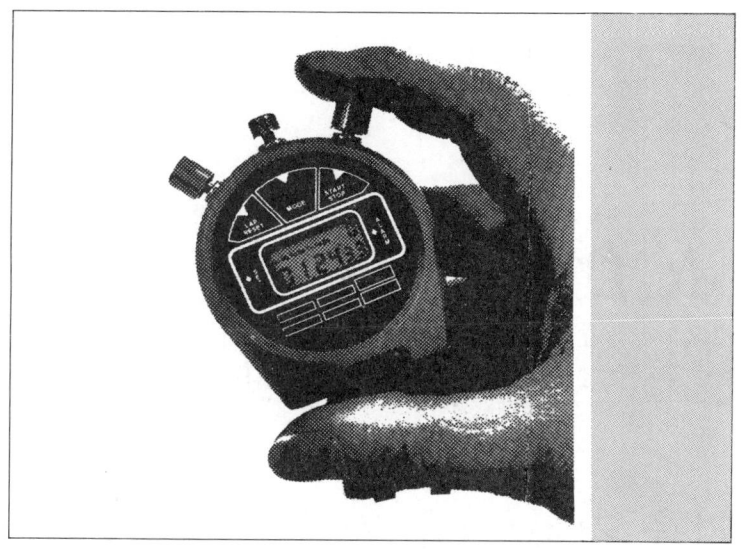

어느 날 시간저축 은행의 예금 권유 은행원으로 위장한 시간 도둑이 소녀 모모의 친구인 이발사 후지, 장의사 니콜라, 선술집의 니노 등에게 "시간을 5년 동안 찾지 않고 맡겨 두면 이자가 두 배로 붙어 10년을 더 산다"고 꾀어 시간을 사기쳐 갔다. 그 바람에 그들은 1분 1초의 시간적 여유도 없이 허덕이며 살아갈 수밖에 없었는데, 소녀 모모가 이 시간 도둑을 붙잡아 친구들에게 시간을 되찾아 주면서부터 그들은 비로소 정상적인 생활로 되돌아올 수 있었다는 줄거리다.

바쁘게만 살아가는 현대인들은 헤세의 다음 말을 명심해야 할 것이다.

영원이란 것에는 시간이 존재하지 않는다. 영원이란 오직 일 순간을 말할 뿐이다.

옷	먹을	족할	말이을	알	예도	절개
衣	食	足	而	知	禮	節
의	식	족	이	지	예	절

입을 것과 먹을 것이 풍족해야 예절을 알게 된다

의식(衣食) : 입을 옷과 음식.

족(足) : ① 발 족. ② 족하다. 족하게 하다.

이(而) : 그리고, 또, 그러나 등 접속 역할을 함.

지식(知識) : ① 알고 있는 내용. ② 사물의 이치를 앎.

예절(禮節) : 예의 범절. 예법(禮法).

출전(出典) : 관자의 목민편.
　　　　　 관자(管子)란 '관포지교'로 유명한 관중이 지은 책을 말함.

의식족이지예절(衣食足而知禮節) 457

> 창고에 곡식이 차 있으면 예절을 알고 의식(衣食)이 족하면 영욕(榮辱)을 안다

이 말은 중국 춘추시대 제(齊)나라의 재상 관중이 지은 『관자(管子)』라는 책에 나오는 말이다. 경제적 기반이 확립되어야 비로소 인간의 덕성과 예절 등이 가능하다는 뜻이다.

그런 의미에서 태사공(太史公)의 말을 곁들여 보자.

> 공자가 천하에 이름을 떨치게 된 것은 자공의 덕이다. 이것은 곧 재물의 세력을 이용해 이름을 떨친 것이다.

틀림없이 공자가 이름을 떨치게 된 것은 부유한 자공의 재물 덕이라 할 수 있다. 그런즉 이거야말로 태사공의 최상급 조크인 셈이다. 만약 부유한 자공이 공자의 제자가 안 됐다면 오늘의 공자가 있었을까? 재물의 위력을 새삼 느끼게 한다.

의심할	마음	날	어두울	귀신
疑	心	生	暗	鬼
의	심	생	암	귀

의심은 판단을 흐리게 하는 정신상태를 낳는다

의심(疑心) : 확실히 알 수 없어서 믿지 못함.
생전(生前) : 살아 있는 동안.
암귀(暗鬼) : 판단을 흐리게 하는 정신상태.

출전(出典) : 열자의 설부편. 한비자의 세난편.

의심생암귀(疑心生暗鬼) 459

　옛날에 어떤 사람이 도끼를 잃어버리자 옆집 아들을 의심했다. 왜냐하면, 도끼를 잃어버렸을 때부터 옆집 아들의 표정과 말투가 평소와는 달리 겁을 먹은 것 같았기 때문이다.
　그러나 며칠 후 그 도끼를 밭두렁에서 찾게 되자 그 아이의 표정과 말투가 평소처럼 밝고 명랑하게 보였다.
　깜박 잊고 밭두렁에 도끼를 놓고 왔으면서 괜히 죄 없는 자신의 선입관으로 옆집 아들을 의심했던 것이다.
　설부편(열자)에 나오는 이 일화는 남을 믿지 못하고 의심으로 똘똘 뭉쳐진 현대인들에게 시사하는 바가 크다. 따라서 인간의 본심을 철두철미하게 분석한 한비자의 다음과 같은 일화가 현대인들의 심장을 꼬집는다.
　송나라에 어떤 부자가 있었는데, 어느 날 장마 때문에 담이 허물어지자 그의 아들이 말했다.
　"빨리 수리하지 않으면 도둑이 들겠어요."

　그러자 곁에 있던 옆집 사람도 같은 말을 하며 걱정해 주었다. 그런데 그날 밤, 그들이 염려했던 대로 진짜 도둑이 들어 값진 물건들을 훔쳐갔다. 그러자 주인은 옆집 사람을 의심했다. 즉 자기 자식의 충고는 선견지명으로 본 반면에 옆집 사람의 충고는 의심으로 받아들였던 것이다.

　같은 충고라도 듣는 사람의 생각에 따라 이렇게 달라질 수 있다는 것을 일러주는 일화다. 그래서인지 에라스무스는 이렇게 충고했다.

　요구를 받기 전에 먼저 충고하지 마라.

二	桃	殺	三	士
두	복숭아	죽일	석	무사
이	도	살	삼	사

두 개의 복숭아로 세 명의 무사를 죽이다

이도(二桃) : 두 개의 복숭아.

살인(殺人) : 사람을 죽임.

삼사(三士) : 세 명의 무사.

출전(出典) : 안자춘추 1권(下).

462 고사성어 대백과

춘추시대 제나라에 3명의 경호 장수가 있었는데, 그들은 힘과 큰 공을 자랑하며 안하무인격으로 법과 위계질서를 무시하고 건방을 떨곤 했다.

이를 보다 못한 명재상 안영이 그들을 제거하기 위해 큰 복숭아 두 개를 갖다놓고 그들을 만찬에 초대했다.

그런 줄도 모르고 그들은 왕이 참석한 만찬석상에서 큰 소리로 자기들의 공을 내세우며 자랑하기에 바빴다. 그때 안영이 왕에게 말했다.

"이 복숭아 두 개를 신하들 중에서 공로가 가장 큰 사람에게 상으로 주시기 바랍니다."

안영의 말에 따라 왕은 그들 각자에게 공을 말해 보라고 했다. 그러자 3인방 중 한 명인 공손접(公孫接)이 불쑥 나서며 큰 소리로 자랑을 했다.

"나는 폐하께옵서 사냥을 하실 때 폐하께 달려드는 호랑이를

이도살삼사(二桃殺三士) 463

맨손으로 때려죽여 폐하를 구해 주었습니다. 그만하면 그 복숭아를 먹을 만하겠지요?"

그렇게 말하고 나서 그는 복숭아 하나를 받아 먹었다.

그러자 이에 질세라 곁에 있던 고야자(古冶子)가 큰 소리로 자기 자랑을 해 댔다.

"호랑이를 죽인 것쯤이야 가소롭기 그지없지. 나는 폐하를 모시고 황하를 건널 때 말을 훔쳐가는 괴물을 10리씩이나 따라가 단칼에 죽이고 돌아왔소. 그 정도면 복숭아를 먹을 만하겠지요?"

그도 역시 마지막 복숭아 하나를 냉큼 받아 먹었다.

그러자 당황한 전개강(田開疆)이 분통을 터뜨렸다.

"나는 서군을 공격해 수많은 장수와 500여 명의 군사를 포로로 잡아 서군을 폐하의 발밑에 굴복하게 했소. 그런데도 나는 복숭아를 먹지 못한단 말이오?"

그리고는 급히 칼을 뽑아 자기 목을 쳐 자살을 했다.

　그러자 공손접이, "나는 전개강의 공에 못 미치면서도 복숭아를 먹어 청렴하지 못했으며, 친한 친구가 그 일 때문에 자살한 것을 보고도 자살하지 않는다면 용기가 없는 것이다" 하며 전개강이 한 것처럼 칼을 뽑아 자기 목을 쳤다.
　이에 고야자도 의지를 내세워 뒤따라 자기 목을 쳤다.
　이 고사가 바로 유명한 「이도살삼사」의 근원이다. 그러나 이 「이도살삼사」가 유명해진 것은 제갈공명의 양보음(梁甫吟)이라는 시(詩)의 영향이 컸다.

　하루아침에 음모를 만나 두 복숭아로 세 장사를 죽이는구나.

　또한 이태백도 양보음과 같은 시를 지어 유명세를 탔다.

　힘이 남산을 밀어낼 만한 세 장사를
　제나라 재상이 두 개의 복숭아로 죽였구나.

　이 장의 주인공 안영에게 비난의 눈초리를 보내는 독자들도 있을 것이다. 그리고 상대방을 덕으로써 감싸 회개시키는 것이 좀더 명재상답지 않느냐고 할 것이다.

　그러나 자신의 명령을 듣지 않는 자, 장차 자신에게 공격을 가해 올 염려가 있는 자 등에게는 인정이 통하지 않는다는 게 안영의 생각이며 현대 비즈니스맨들의 생각이다. 상처를 입은 사자는 무섭지만 죽은 사자는 가죽을 남길 뿐이라는 원리다. "용서했으면 때리지 말고 일단 때렸다면 용서하지 말라"는 중국 속담처럼 치열한 경쟁사회에서 살아 남기 위해서는 어쩔 수 없다는 뜻이다.

　그래도 납득이 안 가는 독자는 이 장에서 눈을 떼고 '와신상담' 장으로 눈을 돌려 다시 한 번 읽어 주기 바란다.

써	마음	전할	마음
以	心	傳	心
이	심	전	심

마음에서 마음으로 전하다

이심(以心) : 마음으로써.

전심(傳心) : 마음을 전하다.

출전(出典) : 전등록(傳燈錄).
  전등록이란 송나라 사문(沙門) 도언(道彦)이 석가세존 이래 전해져 온 조사(祖師)들의 법맥(法脈) 계통을 세우고 수많은 법어(法語)들을 기록해 놓은 책이다.

이심전심(以心傳心) 467

어느 날 석가모니가 제자들을 영산에 모아놓고 설교하면서 손에 든 연꽃을 살짝 비틀었다.

그러자 다른 제자들은 그것이 무슨 의미인지 알 수 없어 잠자코 있었으나 수제자 가섭만이 그 뜻을 알아차리고 빙그레 웃었다. 그러자 석가모니도 빙그레 웃으며 이렇게 말했다.

"나에게는 정법안장(正法眼藏 : 사람이 본래 갖추고 있는 마음의 덕), 실상무상(實相無常 : 불변의 진리), 열반묘심(涅槃妙心 : 번뇌에서 벗어나 진리를 깨닫는 마음), 미묘법문(微妙法門 : 진리를 깨치는 마음), 불립문자(不立文字), 교외별전(敎外別傳)이 있다. 나는 이것을 가섭에게 전하겠다."

「이심전심」은 여기서 유래되었으며, 불교의 진리를 깨닫게 해 주는 말이다.

사람	사이	일만	일	변방	늙은이	어조사	말
人	間	萬	事	塞	翁	之	馬
인	간	만	사	새	옹	지	마

인간만사는 변방에 있는 늙은 노인의 말(馬)과 같다.

인간(人間) : ① 사람이 사는 세상. 속세. ② 사람. 인류.
만사(萬事) : 모든 일. 온갖 일.
새옹(塞翁) : 변방의 늙은이.
지(之) : ① 가다 ② 이, 그(대명사) ③ 어조사.
마장(馬場) : 말을 놓아 먹이는 곳. 또는 경마장.

출전(出典) : 회남자의 인간훈.

인간만사새옹지마(人間萬事塞翁之馬) 469

옛날 북방 성채 근처에 세상의 변화를 정확하게 꿰뚫어볼 수 있는 능력을 지닌 한 노인이 살고 있었다.

어느 날 그 노인이 기르고 있던 말이 갑자기 국경을 넘어 오랑캐 땅으로 도망치자 동네 사람들이 노인을 위로했다. 그런데 노인은 "그게 오히려 복이 될지도 모르지" 하며 평상시와 다름없이 생업에 종사할 뿐이었다.

그런데 몇 달 후 오랑캐 땅으로 도망갔던 노인의 말이 다시 돌아왔는데, 그냥 온 게 아니라 오랑캐의 준마까지 데리고 온 것이 아닌가! 노인은 힘 하나 안 들이고 준마를 얻은 것이다.

이에 동네사람들이 축하해 주자 노인은 이렇게 걱정했다.

"이게 어쩌면 재앙이 될지도 모를 텐데……."

과연 노인의 걱정은 현실로 나타났다. 평소 말타기를 좋아했던 노인의 아들이 그 말을 타고 다니다가 떨어져 다리가 부러졌던 것이다.

470 고사성어 대백과

　이에 동네사람들이 노인을 위로하자 노인은 아무런 슬픈 기색도 없이 이렇게 말했다.
　"이것이 어쩌면 복을 부를지도 모르지."
　그리고 나서 1년 뒤에 노인의 예언은 적중했다. 오랑캐가 국경을 침공해 오는 바람에 마을 젊은이들은 모두 다 강제로 징집되었으며, 살아 돌아온 이는 10명에 1명 꼴도 안 되었다. 그러나 노인의 아들은 다리가 부러졌기 때문에 다행히 징집 대상에서 면제되었던 것이다.
　그래서 「인간만사 새옹지마」라는 말이 유래되었다.
　사람의 운은 돌고 돈다. 언제 어느 때 복이 화근이 되고 화가 복으로 변할지 모른다. 그런즉 팔자가 피였다고 해서 자신만만하게 큰소리를 칠 것도 아니며, 불행해졌다고 해서 신세를 한탄할 것도 없다. 돌고 도는 게 사람 팔자라고 하지 않던가.
　그리고 여기서 참고 삼아 밝히자면, 「인간만사 새옹지마」라는

인간만사새옹지마(人間萬事塞翁之馬)　471

말은 원(元)나라 회회기(熙悔機)라는 승려의 다음과 같은 시에서 유래되었다고도 한다.

　　　인간만사 새옹지마
　　　베개를 밀치고 집 가운데서
　　　빗소리를 들으며 자는구나.

어쨌든 「인간만사 새옹지마」의 밑바닥에 흐르고 있는 것은 '순환사상'이라는 것이다. 그래서 셰익스피어도 한 수 거든다.

　　　아……운명의 여신! 운명의 여신아! 그래서 모든 사람들이
　　　너를 보고 변덕쟁이라고 부르는구나!

사람	날	느낄	뜻	기운
人	生	感	意	氣
인	생	감	의	기

인생은 의기에 감동하는구나

인생(人生) : 사람의 일생(一生).
감동(感動) : 깊이 느껴 마음이 움직임.
의기(意氣) : 의지와 용기.
기백(氣魄) : 씩씩한 기상과 진취성 있는 정신.

출전(出典) : 당시선(唐詩選).
　　　　　당시선이란 당나라 선집 중에서 베스트 셀러 작가 130명의 작품을 수록한 책이다.

인생감의기(人生感意氣) 473

계포는 두 번 승낙하지 않았고
후영의 말 한마디는 중했도다.
인생은 의기에 감동하고
공명을 또 누가 입에 담으리.

  이는 당나라 태종(太宗)의 명신이었던 위징(魏徵)이 명성을 얻기 전에 자신의 능력을 인정해 준 황제(高祖)에 대한 보답을 시로 표현한 것이다. '계포일낙'(1권 115페이지 참조)으로 유명한 계포와 위나라의 신릉군이 조나라를 구할 때, 노령으로 종군하지 못함을 한탄하며 "혼백이 되어서라도 따르겠다"고 약속한 절의의 선비 후영처럼 위징 또한 그들을 본받아 「인생감의기」에 따르겠다는 것이다.
  이 장은 공명을 사고 파는 현대인들에게 시사하는 바가 크다.

사람	어조사	장수	죽을	그	말씀	이끼	착할
人	之	將	死	其	言	也	善
인	지	장	사	기	언	야	선

사람이 죽으려 할 때는 그의 말이 착하다

인지상정(人之常情) : 사람이 보통 가질 수 있는 마음.
장래(將來) : 앞으로의 미래.
사거(死去) : 죽음. 서거(逝去).
기언(其言) : 그 사람이 한 말.
야(也) : ① 이끼 야. ② 또 야. ③ 잇닿을 이.
선량(善良) : 착하고 어짊. 또는 그 사람.

출전(出典) : 논어의 태백편.

인지장사기언야선(人之將死其言也善) 475

 공자의 제자 중 가장 뛰어난 효도의 이론가이며 실천가인 증자가 중병에 걸려 임종을 눈앞에 두고 있을 때, 그 소식을 들은 노(魯)나라의 대부(大夫)인 중손첩(仲孫捷) 맹경지가 문병을 오자, 증자는 그에게 다음과 같이 당부하였다.
 "새가 죽으려 할 때는 울음 소리가 애처롭고, 사람이 죽으려 할 때는 그의 말이 착합니다. 군자로서 지켜야 할 도(道)에는 세 가지가 있습니다. 몸을 예에 따라 움직이면 난폭함을 멀리할 것이며, 안색을 예에 따르면 신의를 가까이할 것이며, 말을 예에 맞게 하면 억지와 천박한 속어를 멀리할 것입니다. 고로 제사를 지낼 때 쓰는 그릇 같은 것은 그것을 맡아 보는 전담자에게 맡기십시오."
 이 장의 하일라이트는 두말 할 필요없이 「인지장사기언야선」에 있으며, 이 말을 부정할 사람은 별로 없을 것이다.

한	새길	일천	쇠
一	刻	千	金
일	각	천	금

일 초의 시간은 천금과 같다.

일각(一刻) : ① 한 시간의 1/4, 곧 15분. ② 짧은 시간.
각일각(刻一刻) : 시간이 지남에 따라 더욱더.
천금(千金) : 많은 돈이나 높은 값어치.

출전(出典) : 소동파의 춘야행.

일각천금(一刻千金) 477

봄날 달밤의 한때는 일각천금
꽃에는 맑은 향기가 있고
달은 희미하게 흐려져 있네.
노래 부르고 피리 불던 누대(樓臺)도
소리없이 적적하구나.
그네가 걸려 있는 안뜰은
밤만 깊어지는구나.

이 장의 정의는 "시간은 돈이다"라는 서양 속담과 일맥상통한 것 같으나 기본적인 관념에는 다소 차이가 있다. 그 예를 들면 다음과 같다.

언젠가 미국 캘리포니아 주의 회계사 톰 허슬리라는 사람은 자신과 데이트 약속을 해놓고 약속 시간을 어긴 여성에게 38달러의 손해배상 청구소송을 제기했는데, 그 계산 방법은 그녀를 만나러 간 시간과 돌아온 시간까지 합쳐 자기 수입액을 기준으

로 하여 산출했던 것이다.

시간을 유용하게 계산해 가면서 쓰는 시간 관리를 '시(時) 테크'라고 한다. 그래서 알렉 맥켄지는 '시간도둑' 리스트를 작성했는데 그 내용은 다음과 같다.

업무 이외의 전화나 필요 이상으로 긴 통화, 동료와 업무 이외의 잡담, 필요 이상의 회식이나 미팅, 잦은 회의나 길어지는 회의, 쉽게 변하는 목표, 기한이 정해져 있지 않은 목표량, 책임소재가 불투명하거나 중복됐을 때, 불확실한 위임 등등…….
즉 1분당 급여가 69원인 사원이 69원어치만큼 일을 하지 않으면 근무태만이라는 것이다.

이 시 테크에 어울리는 인물을 들자면 웰링턴이 적격이다.

※ 웰링턴(1769～1852) : 영국의 군인이며 정치가.

일각천금(一刻千金)   479

어느 날 웰링턴이 어떤 관리 한 사람과 만나기로 약속했다. 그런데 그 관리가 약속 시간보다 5분 늦게 나타났던 것이다. 그러자 웰링턴은 화를 냈다. 이에 그 관리가, 5분밖에 안 늦었는데 그렇게 화낼 것까지야 없지 않느냐며 변명을 했다. 그러자 웰링턴은 큰 소리로 관리를 꾸짖었다.

"5분밖에라고? 그렇다면 그 사이에 나의 군대가 전쟁에서 패했다면 자네가 책임질 수 있겠나?"

이렇게 혼쭐이 난 관리는 다음 약속 때는 아예 5분 일찍 나가서 웰링턴을 기다렸다. 그러자 정각에 나타난 웰링턴이 혀를 차며 말했다.

"자네는 정말 시간의 가치를 모르는군. 그래 황금 같은 시간을 5분씩이나 낭비하다니 아깝지 않은가?"

"시간은 가장 위대한 혁신가"라고 말한 베이컨의 명언이 새삼 돋보인다.

　그러나 시간을 아끼고 유용하게 쓴다는 차원에서는 어느 정도 긍정할 수도 있겠지만, 인간이 마치 시간의 노예가 되어 각박하게 살아야 한다는 점에는 부정적인 생각도 든다. 특히 중국인의 시간관념에서 시 테크는 이해할 수 없을 것이다. 아울러 이 장의 정의 역시 마찬가지다.

　「일각천금」이란 말을 사용한 소동파의 본뜻은 냉정한 시 테크가 아닌 즐겁고 한가로운 시간을 의미한 것이다. 좀더 구체적으로 표현하자면, '느려도 상관없다[不慢慢]'는 느긋주의에 또 한편으로는 '멈춰서면 안 돼[只怕站]'라는 충고를 곁들인 것이다, 셰익스피어의 말처럼.

　즐거움과 활동은 시간을 짧은 것같이 보이게 한다.

일거수일투족(一擧手一投足)　481

한	들	손	한일	던질	발
一	擧	手	一	投	足
일	거	수	일	투	족

손 한 번 들고 발 한 번 옮기다

일거수(一擧手) : 손을 한 번 들다.

일투족(一投足) : 발을 한 번 옮기다.

출전(出典) : 한유의 문장궤범.

「일거수일투족.」

이 말을 처음 사용한 사람은 당송 팔대 문장가로 꼽히는 한유(韓愈)다. 그가 젊었을 때 시험에 응시했다가 몇 번씩이나 낙방의 고배를 마시자 시험관에게 편지를 띄워 "힘있는 당신이 나를 이끌어 주기란 일거수일투족에 불과하다"라고 자신의 심정을 토로한 데서 비롯된 것이다.

이런 것으로 보아 옛날이나 지금이나 시험이란 공포의 대상이었음이 분명하다.

옛날 과거에 일곱 번씩이나 거듭 떨어진 어떤 사람이, 자신보다 학문이 짧은 사람이 과거에 급제하는 것은 이 세상이 불공평하기 때문이라고 생각하여, 책을 팽개치고 옥황상제를 찾아가 울분을 터뜨렸다.

이에 옥황상제는 그 사람 앞에 운명신(神)과 노력신을 불러 놓고 술시합을 시켰다.

그 결과 노력신은 석 잔 만에 쓰러졌고 운명신은 일곱 잔 만에 쓰러졌다.

그러자 옥황상제는 이렇게 말했다.

"네가 보았듯이 인생의 일이란 십 중 삼(十中三)을 노력이 지배하고 십 중 칠(十中七)은 운명이 지배하는 법이다. 고로 십 중 삼을 노력하면 언젠가는 십 중 칠이 찾아오는 법이니라."

이에 크게 깨달은 그는 옥황상제에게 감사의 뜻을 표하고 집에 돌아와 팽개친 책들을 다시 챙겨 학문을 닦는 데 게을리하지 않았다 한다.

이 이야기는 마치 「일거수일투족」으로 불만을 표시한 한유와 우리 주위에 해마다 발생하는 낙방생들을 위로하는 교훈처럼 들린다.

한일	거동	두	얻을
一	擧	兩	得
일	거	양	득

★

한 가지 일로써 두 가지 이득을 얻다

일거일동(一擧一動) : 하나하나의 동작.

거동(擧動) : 행동하는 짓이나 태도. 몸가짐.

양득(兩得) : 두 가지 이득.

득점(得點) : 시험이나 운동경기에서 점수를 얻음.

출전(出典) : 춘추후어(春秋後語).

일거양득(一擧兩得)　485

　옛날에 힘이 장사인 변장자(辨莊子)라는 자가 여관에 투숙하고 있을 때 밖에 호랑이가 나타났다는 말을 듣고 호랑이를 잡으러 나가려고 하자 여관 심부름꾼 아이가 그를 말렸다.
　"지금 호랑이 두 마리가 나타나서 서로 소를 차지하려고 싸우고 있습니다. 잠시 후면 한 마리는 죽고 한 마리는 상처를 입을 것이니 그때 가서 잡으세요."
　그래서 변장자는 그 아이 말대로 한꺼번에 힘 안 들이고 두 마리의 호랑이를 잡아 「일거양득」의 모델이 되었으며, 또 다음과 같은 일화도 있다.
　어느 날 장손성이란 사람이 사냥을 나갔다가 두 마리의 독수리가 먹이를 놓고 서로 다투는 것을 보고 화살을 쏘아 한꺼번에 두 마리의 독수리를 잡게 되었는데, 이때부터 일전쌍조(一箭雙鳥)라는 말이 생겼다 한다.
　그리고 여기서 참고 삼아 말하자면, 우리가 흔히 쓰는 일석이조

(一石二鳥)란 말은 동양의 고사가 아니라 "하나의 돌로 두 마리의 새를 죽인다(Kill two birds with one stone)"는 영문의 번역이다.

물론 '일석이조'나 「일거양득」이나 그 뜻은 똑같다. 그런 뜻에서 다음과 같은 우화를 여기에 비교해 보자.

어느 날 숲속에서 한 사냥꾼과 곰이 서로 협상을 벌이고 있었다. 먼저 곰이 사냥꾼에게 "당신이 원하는 게 무엇인가?"라고 묻자 사냥꾼은 "나는 내가 입을 털코트를 원하지"하며 곰에게 무엇을 원하냐고 되물었다.

이에 곰은 "나는 지금 배가 고파 식사거리를 원한다"고 했다. 그러나 이들 둘은 동굴로 가서 협상을 했고, 얼마 후 그들은 서로 원하는 것을 얻었다. 즉 사냥꾼은 곰의 뱃속으로 들어가 곰 털코트를 통째로 입었고, 곰은 아침식사를 해결했다.

이 우화는 바로 미국과 북한의 핵협상을 풍자한 것이다.

다시 말해, 곰은 북한이며 사냥꾼은 미국이라는 것인데, 여기

일거양득(一擧兩得) 487

서 기가 찰 노릇은 막상 당사자이며 막대한 돈까지 내야 하는 우리는 아무 말도 못 하고 구경만 하다가 어느 새 곰의 뱃속에 들어가 있다는 사실이다.

　결론적으로, 우리는 미국 대신 곰의 허기를 채워 주었고 북한은 단순히 핵 장난감 하나로 경제적 실리와 대미(對美)관계 개선이라는 「일거양득」의 소득을 얻은 셈이다. 속된 말로 죽 쑤어 개에게 바친 격이다.

　그런가 하면, 행운의 방관자는 일본이었다. 만약 미국이 북한에 대해 군사적 조치를 취할 경우 일본으로서는 군수 지원과 기지 제공 등등의 뒷바라지뿐만 아니라, 상황에 따라선 파병까지 해야할 입장이기 때문이다.

　다시 말해, 승리자인 동시에 패배자인 우리는 이 장의 희생물인 격이다. 언제까지 우리가 이렇게 아뭇소리 못 하고 참아야만 하는지……

한	개	짖을	형상	일백	개	짖을	소리
一	犬	吠	形	百	犬	吠	聲
일	견	폐	형	백	견	폐	성

개 한 마리가 그림자를 보고 짖으면 수많은 개가 그 소리를 따라 짖는다

일견폐(一犬吠) : 개 한 마리가 짖음.

형상(形狀) : 물체의 생긴 모양. 형상(形相). 형상(形象).

백견폐(百犬吠) : 여러 마리 개가 짖음.

성량(聲量) : 목소리의 크기와 양.

출전(出典) : 후한의 왕부 잠부론.

일견폐형백견폐성(一犬吠形百犬吠聲) 489

천하가 잘 다스려지지 않는 것은 현난(賢難)에 있으며, 현난이란 어진 사람을 얻기 어려운 것을 말한다. 어진 사람의 언행이 속된 사람의 질투를 받고 용납되지 않을 때 천자는 속된 말에 현혹되지 말고 어진 사람을 지혜롭게 가려내야 한다. 속담에, 한 마리 개가 그림자를 보고 짖으면 수많은 개가 소리만 듣고 짖는다 했잖은가.

왕부(王符)의 '잠부론' 내용 중 일부인데, 그 뜻은 무능한 무리를 내쫓고 덕이 높은 사람을 등용해야 한다는 역설적인 내용이다. 현대의 닭과 개 시리즈와 비슷하다.

이웃에 사는 닭이 개에게, "요즘 너는 왜 잘 짖지도 않고 아까운 밥만 축내느냐" 하고 나무라자 개 왈(曰), "내 임무는 도둑놈을 보면 짖는 것인데 우리 집 주인이 도둑놈이니 짖을 수가 있어야지."

이 장의 정의를 역설적으로 뒤집은 블랙 유머다.

한	대쪽	밥	한	표주박	마실
一	簞	食	一	瓢	飮
일	단	사	일	표	음

대나무 그릇 밥 하나에
표주박 하나의 마실 것

일단사(一簞食) : 대나무 그릇 밥 하나.

일표음(一瓢飮) : 표주박 하나의 마실 것.

출전(出典) : 논어의 옹야편.

일단사일표음(一簞食一瓢飮) 491

　공자 왈(曰), 참으로 회(回)는 현인이로구나. 대나무 그릇 밥 하나에 표주박 하나의 마실 것을 먹으며 누추한 곳에서 산다. 남들은 그 괴로움을 참지 못하거늘, 회는 그 즐거움이 변치 않으니 참으로 회는 어질구나.

　공자가 제자 회를 칭찬했듯이 로우엘 또한 가난의 고귀함에 대해 이렇게 말했다.

　가난한 자의 아들이여! 가난하다고 스스로 멸시하고 비웃지 말라! 가난하기 때문에 그대에게 참을성이 있고 작은 것이라도 고맙게 생각하는 마음이 있는 것이다. 가난하기 때문에 슬픔을 가슴에 품고 지그시 견디는 용기와, 가난하기 때문에 곤란한 사람을 도울 줄 아는 마음씨! 이런 것이 바로 그대가 가난하기 때문에 얻게 된 값진 재산이라는 것을 잊지 말아야 한다.

　이런 사실을 깨닫는 사람은 공자님에게 칭찬을 받을 것이다.

※로우엘(1855~1916) : 미국의 천문학자.

한	그물	칠	다할
一	網	打	盡
일	망	타	진

한 번의 그물질로 모두 잡다

일망(一網) : 그물 하나.
타진(打盡) : 모조리 잡음. 휘몰아 잡음.

출전(出典) : 송사(宋史)의 인종기.

일망타진(一網打盡) 493

 송(宋)나라 인종(仁宗)황제 때 청렴결백하기로 유명한 두연(杜衍)이 재상으로 임명되기가 무섭게 신분 여하를 막론하고 부정축재자들을 적발해 내어 처단하자 그를 향한 간신들의 원망이 하늘을 찌를 듯 험악했다.
 그때 두연의 사위가 국고금을 사적으로 사용했다는 정보가 간신들의 안테나에 걸려들었다. 그러자 그들은 즉시 두연의 사위를 체포하고 황제에게 부정축재자들을 일망타진했다고 보고하면서 두연을 탄핵했다. 이로 인해 조정의 기강을 세우겠다고 별렀던 두연도 결국 70일 만에 재상직에서 물러날 수밖에 없었다.
 이 고사가 마치 우리의 정치현실처럼 느껴지는 것은 옛날이나 지금이나 시대만 다를 뿐 정치세계의 원리는 변하지 않았다는 사실 때문이다.
 그 한 예로, 제6공화국 시절 '범죄와의 전쟁'을 들 수 있다. 시작은 좋았다. 무슨 파 「일망타진」 무슨 사건 「일망타진」이라

는 제목이 계속 매스컴을 탔으니까. 그러나 그 결과는 「일망타진」의 정의를 무색케 했다. 이미 부패할 대로 부패한 사람의 아우성을 누가 두려워한단 말인가?

재판관이 젊어서는 안 된다. 그는 직접 자기 정신으로부터가 아니라 다른 사람에게서 악행의 성질을 오랫동안 관찰함으로써 악덕을 배워 알고 있어야 한다. 즉 지식이 그의 안내자가 되어야 하며 개인적인 경험이 안내자가 되어서는 안 된다는 것이다.

플라톤의 충고처럼 재판관의 자질 문제는 「일망타진」과 연관된다. 실세 권력자와 타협하지 않는 '신상필벌'로 다스린다면 「일망타진」의 정의는 더욱더 빛날 것이다.

날	저물	길	멀
日	暮	途	遠
일	모	도	원

날은 저물고 갈 길은 너무도 멀다

일모(日暮) : 하룻밤. 일석(一夕).

도원(途遠) : 먼 길.

출전(出典) : 사기의 오자서열전.

496 고사성어 대백과

　춘추시대의 오자서(伍子胥)는 평왕(平王)의 박해로 인해 아버지와 형이 죽자 오나라로 도망가 후일의 복수를 기약하였다. 마침내 오나라의 대부(大夫)가 된 오자서는 오나라 왕 합려를 설득해 초나라를 공략토록 하였다.
　이윽고 오왕이 승낙하자 오자서는 몸소 군사를 거느리고 초나라를 공격해 수도를 쑥밭으로 만들었으나 그가 찾던 원수는 이미 죽어 있었고 그의 후계자 소왕은 어디론가 도망쳐 행방을 알 수 없었다.
　그러자 그는 원수의 무덤을 파헤쳐 그 시체에 채찍질을 가해 뼈를 부수면서까지 원수를 갚은 다음 부하에게 소왕의 행방을 찾으라고 다그쳤다.
　이에 그의 친구인 신포서가 행동이 너무 지나치다며 충고의 편지를 보냈으나 그는 다음과 같은 도행역시의 답신을 띄웠다. 즉 도(倒)의 행위는 역순할 수밖에 없다는 내용이었다.

사기에는 이때 오자서의 심정이 다음과 같이 기록되어 있다.

　내가 품은 뜻을 이루기에는 아직도 날은 저물고 갈 길은 먼 것과도 같네. 그래서 나는 도리를 벗어난 짓을 한 것일세.

　그러나 그 후 현대의 중국인들은 이 '도행역시'를 반대적 행위로 사용하고 있다.
　오자서가 구약성서의 "눈에는 눈, 이[齒]에는 이"를 따랐다면, 현대의 중국인들은 노자의 "원한은 덕으로써 갚으라"는 이상철학에 따랐다고 볼 수 있다. 그리고 베이컨도 여기에 동조했다.

　　복수를 할 때는 원수와 동등하다. 그러나 용서할 때는 원수보다 훨씬 위에 선다.

한	잎	떨어질	알	하늘	아래	가을
一	葉	落	知	天	下	秋
일	엽	낙	지	천	하	추

낙엽이 하나 떨어지는 것으로도 천하가 가을인 것을 안다

일엽낙(一葉落) : 낙엽이 하나 떨어짐.

지천하(知天下) : 천하가 알다.

추(秋) : 가을.

출전(出典) : 회남자의 설산훈편.

일엽낙지천하추(一葉落知天下秋)   499

　한 조각의 고기 맛으로도 가마솥 안에 있는 모든 고기 맛을 알 수가 있고, 깃털과 숯을 저울에 달아 건조하고 습한 기운을 알 수 있다. 즉 작은 것을 가지고도 큰 것을 능히 짐작할 수 있다.
　또한 오동잎 하나가 떨어지는 것을 보고 천하에 가을이 오는 것을 알 수가 있고, 독 속의 물이 얼어 있는 것을 보고도 천하가 추워진 것을 알 수가 있다. 이것이 바로 가까이 있는 것을 보고도 먼 곳의 일을 추측할 수 있다는 것이다.
　회남자에 나오는 「일엽낙지천하추」에는 작은 현상을 보고 큰 것을 살피라는 교훈이 담겨 있다.
　옛날에 어리석은 사람들이 사는 나라에 추위를 잘 타는 왕이 있었는데, 어느 날 그 왕이 신하들에게 "왜 가을이 오면 추워지는가?"고 물었다.
　이에 학자들이 1년 동안 그 문제를 연구한 끝에 왕에게 보고

했다.

"그 이유는 가을에 나뭇잎이 떨어지기 때문입니다. 낙엽이 쌓이면 땅 온도가 떨어지니까요."

그에 대한 대책이 무엇이냐고 묻는 왕의 질문에 대한 학자들의 자신만만한 대답이 걸작이었다.

"나뭇잎이 안 떨어지게 하면 됩니다."

물론 이것은 동화책에 나오는 이야기이지만 결코 가볍게 웃어 넘길 만한 것은 아니다. 그만큼 현대인들 중에는 이 동화 속의 신하들처럼 안일한 생각을 갖고 있는 사람들이 많기 때문이다.

환경 문제만 해도 그렇다. 강과 바다는 중금속에 오염된 지 오래고, 하늘은 유독가스로 뒤덮여 하나님에게 SOS를 보낸 지 오래고, 열대우림은 무차별적인 벌채로 사막화된 지 오래다. 그래서 매일같이 1백 종 정도의 생명체가 지구에서 사라져 가고 있다. 그런데도 사람들은 겉으로만 목청을 높이고 있다.

일엽낙지천하추(一葉落知天下秋) 501

　인간이 환경파괴 전쟁을 즉시 멈추지 않는다면 지구가 곧 보복해 올 것이다.

　이것은 1969년에 이미 게이로드 넬슨이 경고한 말인데, 그의 말은 드디어 현실로 나타나기 시작했다. 잇단 대홍수와 폭설, 그리고 대지진 등등, 지구 온난화의 위기가 지구촌을 공포로 몰아넣고 있는 게 그 좋은 증거다.

　나는 왜 자연과 가까이 사귀는가? 자연은 언제나 옳았고 잘못은 나에게만 있었기 때문이다. 자연에 순응할 수만 있다면 모든 일은 자연스럽게 해결된다.

지금도 늦지 않았다. 괴테의 말처럼 자연에 순응하자.
그런 의미에서 다음의 사진을 주목해 주기 바란다.

　몇 해 전 환경운동 연합회원들이 서울 광화문에 있는 이순신 장군 동상에 방독면을 씌워 주고 있는 장면이다.
　"숨막혀 못 살겠다"라는 프랑카드가 보는 사람들의 마음을 안타깝게 만든다.

한	옷	띠	물
★一	衣	帶	水
일	의	대	수

옷의 띠처럼 좁은 강

일의(一衣) : 하나의 의복.
의대(衣帶) : ① 옷과 띠. ② 띠.
수병(水兵) : 해군병사. 해병(海兵).

출전(出典) : 수문제(隋文帝).

나는 즉위한 이후로 진(陳)나라 정복을 구상해 왔으며, 지금이 절호의 기회다. 진나라 왕의 폭정과 가렴주구 때문이다. 나는 백성들의 부모로서 이것을 묵과할 수 없다. 양자강이 아무리 험하다 해도 나에게는 일의대수에 불과할 뿐이다.

이 말은 수나라 문제(文帝)가 진나라를 공격하기 위해 양자강을 건너면서 한 말로, 그 후 문제는 진나라를 멸망시키고 천하를 통일했다.

그런가 하면, 일본의 도요토미 히데요시는 현해탄을 「일의대수」처럼 여기고 우리나라를 공격했다가 충무공 이순신 장군에게 대참패를 당해 그로 하여금 현해탄이 양자강처럼 좁지 않다는 것을 느끼게 해주었다.

한	써	꿸	어조사
一	以	貫	之
일	이	관	지

한 가지로 만사를 관찰한다

일념(一念) : ① 일심(一心). ② 변함없는 오직 한마음.
이래(以來) : 어느 기준이 되는 때부터 그 후.
관록(貫祿) : 행동에 따른 무게. 인격에 구비된 위임.
지(之) : ① 가다. ② 이, 그(대명사). ③ 어조사.

출전(出典) : 논어의 이인편.

공자께서 증자에게 "상(증자)아! 나의 도리는 한 줄기로 관철되어 있느니라"
라고 말씀하시니 그는 알았다고 대답했다.
　잠시 후 공자께서 밖으로 나가시자 제자들이 무슨 뜻이냐고 물었다. 그 물음에 증자는 이렇게 대답했다.
　"선생님의 도(道)는 충(忠)과 서(恕)뿐일세."

논어 이인편에 나오는 이 말은 공자의 사상과 행동이 하나의 원리로 통일되어 있다는 것을 뜻한 것이다. 쉽게 말해, 공자의 「일이관지」는 인(仁)을 말한 것이며, 증자가 충서(忠恕)라고 해석한 것은 충성과 용서가 곧 인(仁)을 달성하는 길이기 때문이다.

　덕행(德行)이 있는 자에겐 999인의 후원자가 있다.

　미국의 철학자이며 시인인 도로우의 말처럼 공자에게는 아직도 증자 같은 후원자가 많다.

한	글자	일천	금
一	字	千	金
일	자	천	금

글자 한 자에 천금을 주겠다

일자천금(一字千金) : 글씨나 문장이 훌륭함을 칭찬함.
자형(字形) : 글자의 모양. 문자의 형태.
천금(千金) : 많은 돈이나 높은 값.
금력(金力) : 돈의 위력.

출전(出典) : 사기의 여불위전.

　전국시대 말기 기화가거(奇貨可居)로 진(秦)나라의 재상이 된 여불위(呂不韋)는 권력과 돈을 배경으로 천하의 인재들을 끌어모았다. 당시 제자백가(諸子百家)의 작품이 유명세를 타자 이 작품을 능가하는 책을 만들어 천하에 과시하고 싶어서였다.
　드디어 20만 자가 넘는 방대한 작품이 완성되자 여불위는 자기의 성을 따서 여씨춘추(呂氏春秋)라 이름을 붙인 다음 그것을 수도 함양성 문 앞에 진열해 놓고 광고판을 세웠다.
　"누구를 막론하고 이 책에다 일자(一字)라도 보태거나 뺄 수 있는 사람에게는 천금을 주겠노라."
　여기에서 「일자천금」이란 말이 나왔다. 물론 이것은 자기 과시 겸 유능한 인재 확보에 그 목적이 있었으나 지금은 '아주 훌륭한 글'이라는 뜻으로 쓰인다.

한	마당	봄	꿈
一	場	春	夢
일	장	춘	몽

잠시 동안 봄꿈을 꾸다

일장(一場) : ① 한자리. 잠시. ② 한바탕.
장소(場所) : ① 곳. ② 자리. 좌석.
춘삼월(春三月) : 봄의 끝달인 음력 3월. 봄경치가 가장 좋은 때.
몽매(夢寐) : ① 꿈을 꿈. ② 꿈꾸는 동안. 꿈결.

출전(出典) : 송(宋)의 후청록.

　어느 날 소동파(蘇東坡)가 허름한 옷차림으로 술병 하나만 달랑 메고 지나가자 이 모습을 본 한 노파가 깜짝 놀라며 혀를 찼다.
　"그러면 그렇지. 지난날의 부귀영화는 한낱 일장춘몽에 지나지 않을 뿐이야."
　당나라 시대의 대시인이며 문장가로 손꼽히던 소동파였지만 가는 세월을 어쩌지 못했던 것이다.
　그의 삶은 파란만장의 연속이었다. 한때는 부귀와 명성을 떨쳤고, 또 한때는 날카로운 풍자로 재상인 왕안석에게 야유를 보냈다가 세 번씩이나 유배를 당한 적도 있었다.
　그는 유배 당시에 야유할 대상이 없자 자기 스스로를 야유하는 방법으로 위안을 삼았다고 한다.
　유배지에 도착한 후부터 그는 바다를 벗 삼아 시를 읊다가 그것이 싫증나면, 자신이 의사도 없는 이곳에서 살아 있다는 사실

일장춘몽(一場春夢) 511

을 수도 서울에서 의사의 손에 죽어 가는 사람들의 숫자를 헤아려 보며 위로했던 것이다.

그러나 이것 역시 지나가고 나면 「일장춘몽」이라는 사실을 누구보다도 그는 잘 알고 있었을 것이다.

그런 뜻에서 동양적인 사상을 깊이 노래한 헤세의 시를 들어 보자.

언제나 꼭 같은 꿈을 꾼다.
빨간 꽃이 피어 있는 카스타이엔.
여름꽃들이 만발한 정원.
그 앞에 적적히 서 있는 옛날 집.

그 고요한 집이 있는 데서
어머니가 나를 잠재워 주셨다.
아마…… 오래전부터

집도 정원도 나무도 없어졌을 것이다.

지금쯤은 그 위로 한 가닥 풀밭길과
호미와 가래가 지나갈 것이다.
고향과 정원과 집과 나무에 관하여
꿈 외에는 남은 것이 없다.